일상 회화를 자신있게 해주는

패턴 영어회화

서림문화사 편

서림문화사

머리말

 누구나 외국어를 배우려면 두 가지 문제에 부딪칩니다. 하나는 일상 회화의 여러 외국어를 모두 기억해야 하는 것입니다. 그러나 이는 기억해야 하는 양이 많습니다. 만약 이를 효과적으로 기억하려면 문법을 배워서 구문의 원리를 이해하는 것입니다. 그러나 이는 우리를 더욱 골치 아프게 만듭니다. 그래서 우리는 외국어를 배우려다 갈등만 겪고 서서히 포기하게 됩니다.
 패턴 영어는 영어의 기본 문장에서 변화하지 않는 문장을 고정시켜 놓고 변화하는 문장만을 바꾸어 가면서 일상의 여러 표현을 할 수 있게 하는 방식입니다. 이는 매우 경제적인 학습 방법이며 우리를 머리 아프게 만들지도 않습니다. 또 영어의 변하지 않는 틀과 변하는 문장을 바꾸어 가면서 활용하다 보면 문장의 구조와 어순을 익혀서 짧은 구문을 할 수 있는 능력을 만들어 주며, 따라서 이는 영어에 대한 자신감도 키워 줍니다.
 이 책은 4단계로 나누어 제1단계에서는 핵심 동사 30개를 예문과 함께 실었으며, 제2단계에서는 회화에서 많이 사용되는 패턴 60개를, 제3단계에서는 일상 생활에서 많이 사용되는 패턴 60개를, 제4단계에서는 마무리 단계로서, 익혀두면 유익한 패턴 60개를 실었습니다. 각 패턴마다 예문을 사용하여 이해를 돕도록 하였습니다.
 또한 각 단계 별로 속담, 격언, 영어 상식 등 다양한 읽을 거리와 미국의 여러 게시판에 사용된 문구를 인용하여 영어 구문을 익히는 데 한 걸음 더 나아갈 수 있도록 하였습니다.

차 례

PART 1 핵심 동사 30

ask
01 ask a favor of~   ~을 부탁하다, 요청하다…18
02 ask for~   ~을 찾다, ~을 요구하다…19
03 if you ask me,   내 생각으로는, 내 견해로는…19

become
04 become+명사, 형용사   ~이 되다, ~에 어울리다…20
05 what becomes of~   ~은 어떻게 되었습니까?…21
06 become friends with   ~와 친구가 되다…21

begin
07 begin+to부정사   ~이 시작하다…24
08 to begin with~   처음에는, 우선, 먼저…25
09 at the beginning of~   ~의 초기에…25

call
10 call+대명사, 명사   ~을 부르다…26
11 call it a day   ~을 그만하기로 하다…27
12 call for   ~을 필요로 하다…27

feel
13 feel like~   ~ 같이 되다, ~ 같은 느낌이 들다…30
14 feel free to~   마음대로 ~해도 좋다…31
15 get the feel of~   감각을 익히다, ~에 익숙해지다…31

get
16 get to~   도착하다…32
17 have got to~   ~을 해야 한다…33
18 get out of hand~   걷잡을 수 없게 되다…33

give
19 give to ~   ~에게 주다…36
20 give ~a chance   …에게 기회를 주다…37
21 give way to~   ~에 굽히다…37

go
22 go into ~   ~에 들어가다…38
23 go a long way ~   쓸모가 있다, 오래가다…39
24 be going to~   ~을 할 계획이다…39

have
25 have+목적어(명사)   ~을 가지고 있다…42
26 have to   ~을 해야 한다…43
27 have nothing to do with~   ~와는 아무런 관계가 없다…43

help
28 help+사람+to부정사   ~을 돕다…44
29 help+사람+with+명사   ~을 도와주다…45
30 cannot help ~ing   ~하지 않을 수 없다…45

keep
31 keep+명사(형용사)   ~하게 유지하게 하다…48
32 keep+~ing   ~을 계속하다…49
33 keep up with   뒤떨어지지 않다, 지지 않다…49

know
34 get to know   ~을 알게 되다…50
35 know how to   ~에 능숙하다 ~하는 방법을 알다…51
36 as far as I know   내가 아는 한…51

let
37 Let me~   ~을 해 줄게요…54
38 let's ~   ~을 하자…55
39 let go~   해방하다, 놓아주다…55

like

40 be like~   ~처럼 보이다…56
41 Would you like+to부정사   ~하시겠어요?…57
42 I'd like~   ~하고 싶어요…57

look
43 look at+명사~   ~을 보다, 바라보다…60
44 look after   ~에 주의하다, ~을 돌보다…61
45 look forward to   ~을 기대하다, 기다리다…61

make
46 make a suggestion   ~을 제안하다…62
47 make do with   견디다, 변통해 나가다…63
48 make it   제시간에 도착하다…63

meet
49 meet with   ~을 만나다…66
50 meet up   (약속을 하여) ~와 만나다…67
51 meet halfway   절충하다, 타협하다…67

need
52 need to   ~할 필요가 있다…68
53 need for   ~에 필요하다…69
54 in need of   ~을 필요로 하다…69

open
55 be open to   열리다…72
56 open up   (문 등이) 열리다…73
57 open minded   편견없는, 허심탄회한…73

play
58 play at~   ~을 하며 놀다, ~을 장난삼아 하다…74
59 play with~   ~을 가지고 놀다…75
60 play a part in~   역할을 하다…75

put
61 put off~   제거하다, 연기하다…78
62 put up with   ~을 참다, 견디다…79

63 put on   입다, (신발을) 신다…79

run
64 run away ~from   ~에서 달아나다, 도주하다…80
65 run out of~   ~을 다 써버리다, (물건이) 바닥나다…81
66 run into~   우연히 만나다, ~에 뛰어들다…81

say
67 to say that~   ~이라는 점을 생각한다면…84
68 say when~   ~하고 싶을 때 말을 해라…85
69 What do you say to~   ~하시지 않겠습니까?…85

see
70 be seen ~   ~보이다…86
71 see off ~   배웅하다…87
72 see to it that ~   반드시 ~하도록 하다…87

sit
73 sit down   앉다, 자리잡다…90
74 sit at   ~에 앉다…91
75 baby-sit   아이를 돌보다…91

sound
76 sound+형용사구   ~이 들리다…92
77 sound like~   ~인 것 같다…93
78 sound out ~   생각을 타진하다, 의중을 떠보다…93

take
79 take away   없애 주다, 가지고 가다…96
80 take place   (사건 등이) 일어나다…97
81 take care of   ~을 돌보다, 소중히 하다…97

think
82 think+that~   (~라고) 생각하다, 여기다…98
83 be thinking of~   ~을 생각하고 있다…99
84 think nothing of~   ~을 아무렇지도 않게 생각하다…99

use

85 **used to~** ~을 하곤 했다…102
86 **get used to~** ~에 익숙해지다…103
87 **make use of~** ~을 사용하다…103

wait

88 **wait for~** ~을 기다리다…104
89 **wait up~** 자지 않고 (사람을) 기다리다…105
90 **wait on~** 시중을 들다…105

PART 2 핵심 패턴 60

1 원하는 것을 물어볼 때
01 **What would like to~?** 무엇으로 ~하시겠어요?…110
02 **When would like to~?** 언제 ~하고 싶으세요?…111
03 **How would like to~?** ~을 어떻게 해 드릴까요?…111

2 무엇인지 물어볼 때
04 **What are you going to~?** 무엇을 할 거예요?…112
05 **What kind of ~?** 어떤 종류의 ~을 해?…113
06 **What is ~like?** ~은 어때요?…113

3 장소를 물어볼 때
07 **Where can I~?** 어디에서 ~을 할 수 있나요?…116
08 **Where do you ~?** 어디에서 ~을 하죠?…117
09 **Where is the nearest~?** 가장 가까운 ~가 어디죠?…117

4 일정을 물어볼 때
10 **When are you ~ing?** 언제 ~할 거예요?…118
11 **When was the last time~?** ~을 마지막으로 한게 언제죠?…119
12 **When do you want to~?** 언제 ~을 하고 싶으세요?…119

5 제안을 할 때 ①
13 **How about~ing?** ~하는 건 어때요?…122
14 **What about (~lng)?** ~하는 건 어때요?…123

15 We'd better~?　~하는 게 좋겠어요?…123

6 제안을 할 때 ②
16 Why don't you~?　~하는 게 어때요?…124
17 Let's ~.　~을 하자…125
18 May I suggest~?　제가 제안을 해도 될까요?…125

7 이유를 물어볼 때
19 Why did you~?　왜 ~을 했어요?…128
20 Why are you ~ing?　왜 ~을 하고 있어요?…129
21 How come~?　어째서 ~한 거야?…129

8 양해나 허가를 구할 때
22 May I ~?　제가 ~해도 될까요?…130
23 What can I ~?　내가 무엇을 ~할 수 있나요?…131
24 Is it all right to ~?　~해도 괜찮을까요?…131

9 권유를 할 때
25 Would you like~?　~을 드릴까요?…134
26 Can I get you~?　~좀 갖다 드릴까요?…135
27 Would you care for~?　~을 드릴까요?…135

10 부탁을 할 때
28 Could you~?　~을 해주시겠어요?…136
29 Can you tell me~?　~좀 알려주시겠어요?…137
30 Would you please~?　~좀 해주실래요?…137

11 수량이나 가격을 물을 때
31 How many~?　몇이나 됩니까?…140
32 How much~?　얼마입니까?…141
33 How much do you~?　얼마나 됩니까?…141

12 기간을 물을 때
34 How long have you ~?　~한지 얼마나 됐어요?…142
35 How long will you~?　얼마나 오래 ~할 건가요?…143
36 How long does it take ~?　~하는데 얼마나 걸리나요?…143

13 선호하는 것을 물어볼 때
37 I prefer ~.   ~을 더 선호하다…146
38 Which one do you ~?   어떤 것을 ~할래요?…147
39 Would you rather A or B?   A 하실래요 B 하실래요?…147

14 생각이나 의견을 물을 때
40 What do you think about~?   ~에 대해 어떻게 생각해요?…148
41 What do you think of~?   ~을 어떻게 생각해요?…149
42 Do you think~?   ~라고 생각해요?…149

15 미래의 예정을 표현할 때
43 I'm going to ~.   나는 ~을 할 거예요…152
44 When are you going to~?   언제 하실겁니까?…153
45 How are you going to~?   어떻게 하실겁니까?…153

16 확신을 표현할 때
46 Are you sure ~?   ~가 확실해요?…154
47 Are you saying ~?   설마 ~는 아니겠지요?…155
48 Is it true (that)~?   ~이 사실입니까?…155

17 요구나 양해를 구할 때
49 Do you mind ~ing?   ~좀 해 주시겠어요?…158
50 Do you mind if~?   ~해도 될까요?…159
51 If you don't mind,~.   괜찮으시다면, ~입니다…159

18 누구인지 물어볼 때
52 Who is going to~?   누가 할 거야?…160
53 Who wants~?   ~을 원하는 사람은?…161
54 Who is your ~?   네 ~가 누구야?…161

19 ~을 아는 지 물어볼 때
55 Do you know what~?   ~가 무언지 아니?…164
56 Do you know how~?   ~을 어떻게 알아?…165
57 Do you know if~?   ~인지 아닌지 알아요?…165

20 경험을 말할 때
58 Have you ever been to~?   ~에 가본 적이 있나요?…166

59 Have you tried~? ~을 하려고 해봤니?…167
60 I've never p.p ~. 나는 ~을 한 적이 없어요…167

PART 3 생활 패턴 60

1 소유를 표현할 때
01 I have + 명사/대명사 나는 ~을 가지고 있어요…172
02 I have no~ 나는 ~이 없습니다…173
03 I have something to~. ~할 것이 있습니다…173

2 능력이나 가능성을 말할 때
04 I can~. 나는 ~을 할 수 있어요…174
05 Can I~? ~을 할 수 있을까요?…175
06 I can't wait to~. ~하고 싶어 못견디겠어요…175

3 고맙다는 표현을 할 때
07 Thank you for~. ~에 감사합니다…178
08 I appreciate~. 감사합니다…179
09 Thank you, but~. 감사합니다만 ~입니다…179

4 당위성을 표현할 때
10 You have to~. 너는 ~을 해야 해…180
11 You've got to~. 당신은 ~을 해야 합니다…181
12 You must~. 너는 ~을 해야 해…181

5 희망과 바라는 것이 있을 때
13 I hope to~. 나는 ~을 희망한다…184
14 I wish to~. ~을 하고 싶어요…185
15 I feel like ~ing. 나는 ~하고 싶은 마음이다…185

6 기쁨을 표현할 때
16 I'm glad ~. ~을 해서 기뻐요…186
17 I'm so happy (that) ~. 나는 정말 행복해요…187
18 It's nice to ~. ~해서 기쁘다…187

7 좋아한다는 말을 할 때

19 Which do you like ~?　어느 것을 좋아합니까?…190
20 I'm into ~.　나는 ~에 빠져 있어요…191
21 I like the way ~.　나는 ~가 마음에 든다…191

8 경고를 할 때
22 I warned~.　내가 ~라고 경고했어…192
23 Don't be so ~.　그렇게 ~하지 마…193
24 I told you to ~.　내가 ~하라고 했잖아요…193

9 자신의 의견이 아닐 때
25 I don't think ~.　~라고 생각하지 않는다…196
26 It's unlikely~.　~할 가능성은 희박하다…197
27 There is no doubt~.　~을 의심하지 않는다…197

10 자신의 느낌을 말할 때
28 It sounds like~.　~인 것 같아요…198
29 I have a feeling that~.　~할 것 같은 느낌이 든다…199
30 I'm supposed to~.　~해야 할 것 같아요…199

11 미안하다는 말을 할 때
31 I'm sorry for~.　~에 대해 미안하다…202
32 I apologize for~.　~에 대해 사과 드립니다…203
33 I'm sorry if I ~.　제가 만약 ~했다면 미안해요…203

12 유감의 뜻을 말할 때
34 It's too bad that~.　~하다니 유감입니다…204
35 I feel sorry about~.　~대해서는 유감입니다…205
36 It's a shame to~.　~하다니 아깝군요…205

13 관심이 있거나 없을 때
37 Are you interested in ~?　~에 관심이 있나요?…208
38 I don't care ~.　~에는 신경을 안 써요…209
39 I don't interested in~.　~에 관심이 없어요…209

14 모른다는 표현을 할 때
40 I don't know about~.　~에 대해 모릅니다…210
41 I have no idea~.　~에 대해 모릅니다…211

42 I don't know if ~. ~인지 아닌지 모르겠어요…211

15 추측을 표현할 때
43 You seem to ~. 너 ~한 것 같아…214
44 It looks like~. 그것은 ~처럼 보여요…215
45 seem like ~. ~인 것 같아요…215

16 무엇이 궁금할 때
46 I wonder if ~. ~인지 궁금해요…216
47 I'm curious about~. ~이 궁금해요…217
48 I wonder why ~. 왜 ~인지 궁금해요…217

17 변명을 할 때
49 I tried to ~. ~하려고 했어요…220
50 I had no choice but~. ~할 수 밖에 없었어요…221
51 There is no excuse for~. ~대해 변명의 여지가 없어요…221

18 경험을 얘기할 때
52 I used to~. ~을 하곤 했어요…222
53 I'm used to~. ~에 익숙합니다…223
54 I get used to~. ~에 익숙해지다…223

19 가정으로 얘기할 때
55 What if~? 만일 ~하면 어떻게 될까?…226
56 If I were~, would you~. 내가 ~라면, ~할텐데…227
57 If you don't mind ~. 괜찮으시다면 ~입니다…227

20 가능성을 말할 때
58 Is it possible to~? ~하는 게 가능할까요?…228
59 Would it be possible to~? ~하는 게 가능할까요?…229
60 Is there any chance~? ~할 가능성이 있어요?…229

PART 4 마무리 패턴 60

01 Are you ready to+동사~? ~할 준비가 됐나요?…234
02 be familiar with~ ~에 익숙하다…235

03 Even if~. ~하더라도, ~일지라도…236
04 Feel free to~. 마음대로 ~하세요…237
05 I don't care if~. ~이든 아니든 상관없다…238
06 can't stop ~ing ~할 수밖에 없다…239
07 If you need~. ~이 필요하다면…240
08 I've heard that~. ~라고 들었어요…241
09 I can stand~. ~을 참을 수가 없어요…242
10 I can't argue against that~. 이의없다…243
11 I guess (that)~. 아마 ~할 것 같아요…244
12 What makes you~? 무엇이 그렇게 하나요?…245
13 Instead of~. ~대신에 / 246
14 I know better than to~. ~할 정도로 어리석진 않다…247
15 What brings you~? ~하게 된 이유가 뭐죠?…248
16 I'd prefer ~. ~하는것이 더 좋다…249
17 I'll check if~. ~인지 알아볼게요…250
18 I'll take care of~. ~은 내가 처리할게요…251
19 I'm afraid ~. 죄송하지만, 유감스럽지만…252
20 I'm good at~ ~을 잘한다, ~에 능숙하다…253
21 I'm having some trouble~. ~에 문제가 있다…254
22 I'm here to~. ~하러 왔습니다…255
23 I'm interested in~. ~에 관심이 있어요…256
24 I'm looking forward to ~ing ~하길 기대합니다…257
25 I'm planning to~. ~할 계획입니다…258
26 on my way~. ~하러 가는 중입니다…259
27 I'm trying to~. ~하려고 애쓰는 중입니다…260
28 be worried about~ ~을 걱정하다, 염려하다…261
29 I need you to~. 당신이 ~을 해 주었으면 합니다…262
30 I should have~. 난 ~했어야 했어…263
31 That's what~. 그게 바로 ~입니다…264
32 I'm supposed to~. 내가 ~하기로 되어 있습니다…265
33 It depends on~. 그것은 ~에 달려 있습니다…266
34 The thing is~. 말하자면 ~이라는 겁니다…267
35 There seems to be~. ~이 있는 것 같아요…268

36 Do you want to~?　~을 할래요?…269
37 You'd better~.　~을 하도록 해…270
38 You're welcome to~.　~을 해도 좋다…271
39 I'm willing to~.　기꺼이 ~할 것입니다…272
40 even though~　비록 ~하지만…273
41 should have+p.p.　~을 했어야 하는 데…274
42 make it to~　시간에 맞춰 ~에 간다…275
43 do you usually ~ ?　주로 ~하세요?…276
44 What should I do ~ ?　~하면 어떻게 하지요?…277
45 Please don't forget to~.　제발 ~을 잊지 마세요…278
46 Don't hesitate to~.　주저하지 말고 ~하세요…279
47 In order to~.　~을 하기 위하여…280
48 have nothing to do with~.　~와 아무 관련이 없다…281
49 If you were in my shoes~.　네가 내입장이라면…282
50 Please allow me to~.　~하게 해 주세요…283
51 You deserve to ~.　당신은 ~할 만합니다…284
52 I can't believe ~.　~하다니 믿을 수가 없어요…285
53 That's because ~.　그것은 ~때문입니다…286
54 Congratulations on ~　~을 축하해요…287
55 Which ~ should I~ ?　어떤 ~을 ~해야 할까요?…288
56 It's time to ~.　~할 시간이다, ~할 때이다…289
57 I'm in the mood for~.　나는 ~을 하고 싶은 기분이야…290
58 I never wanted to~.　~을 하는 것은 정말 싫었어…291
59 Should I bring ~ ?　제가 ~을 가져갈까요?…292
60 I can't decide what to ~　~할 지 결정할 수 없다…293

부록·인덱스　………295

핵심동사 30

1 묻다, 요청하다
ask

Basic Usage

ask a question은 질문을 하다라는 뜻입니다. (간접의문문에도 ask를 사용할 수 있으며, 〈ask+ 명사구+if절〉형식의 간접의문문은 yes나 no로 대답할 수 있습니다.)

응용 Pattern

01 ask a favor of~
~을 부탁하다, 요청하다

〈ask a favor of~〉은 ~을 부탁하다는 뜻으로 favor은 남을 돕기 위해서 또는 호의에서 하는 일을 의미합니다.

May I ask a favor of you?
부탁 하나 드려도 될까요?

I wish to ask a favor of you.
부탁드릴 것이 하나 있습니다.

I asked a favor of the counselor.
나는 카운슬러에게 상담을 요청했다.

I have a favor to ask of you.
한 가지 청이 있습니다.

02 ask for
~을 찾다, ~을 요구하다

> 상대방에게〈~을 요구하다〉, 〈~을 찾다〉라는 뜻의 표현입니다. for 다음에 찾는 물건이나 사람 혹은 요구하는 것을 말하면 되겠죠.

I'm calling to ask for your help.
네 도움 좀 받으려고 전화했어.

Did she ask for your number?
그녀가 네 전화번호를 물어봤니?

When you arrive, ask for Mr. Kim.
도착하시면 김선생님을 찾으세요.

I came to ask for your help.
당신 도움을 청하러 왔어요.

03 if you ask me,
내 생각으로는, 내 견해로는

> 〈if you ask me,~〉는 자신의 개인적인 생각을 말할 때 쓰는 표현으로 상대방의 견해는 무시한 사적인 의견입니다.

He's a complete nut, if you ask me.
내 생각으로는 그는 완전히 미쳤어.

If you ask me, the answer is "No."
내 생각을 말한다면 대답은 "No."입니다.

If you ask me, she's too scared to do it.
내 생각으로는 그녀는 그것을 너무 두려워했어.

If you ask me, it's an inside job.
내 생각엔 내부 소행이네요.

2

~이 되다

become

Basic Usage

become은 사람이나 사물이 특정한 것이 되다라는 의미입니다. become의 과거는 became이며 과거분사는 become입니다.

응용 Pattern

04 become + 명사, 형용사
~이 되다, ~에 어울리다

become 다음에 보어로는 명사 · 형용사 · 과거분사가 오는데 또한 become 다음에는 부정사를 쓰지 않습니다.

We became good friends at once.
우리는 곧바로 좋은 친구가 되었다.

I became a construction engineer.
나는 건축기사가 되었다.

When did you become a Christian?
너는 언제 기독교인이 되었니?

Her ambition is to become a chef.
그녀의 목표는 요리사가 되는 것이다.

05 what becomes of~
~은 어떻게 되었습니까?

> 〈What becomes of~?〉은 어떤 사람이나 상황의 소식이 없을 경우에 물어보는 표현입니다.

What has become of that matter?
그 건은 어떻게 되었나?

What has become of your stock investment?
주식 투자 어떻게 됐어?

What became of her?
그녀는 어떻게 되었습니까?

What's to become of these people?
이 사람들은 어떻게 될까?

06 become friends with
~와 친구가 되다.

> 〈become friends with~〉은 누구와 친한 사이가 되다라는 뜻으로 friends가 복수형으로 되는 것에 주의해야 됩니다.

It's not easy to become friends with him.
그와 친구가 되는 것은 쉽지 않다.

Young people easily become friends with other.
젊은 사람들은 쉽게 친구가 된다.

I want to become better friends with Amy.
에이미와 더 친해지고 싶어.

They subsequently become friends with them.
그들은 다음에 그들과 친구가 되었다.

Practice with dialogue

A May I ask you a very personal question?
   사적인 질문을 해도 되겠습니까?

B Oh, sure. By all means.
   그럼요. 마음껏 하세요.

A Are you married? Single? Children?
   결혼하셨어요? 미혼? 아이들은?

게시판에서 건진 한 마디

Not Responsible For Theft Or Damage To Vehicles.

차량의 도난이나 손상에 대해 책임을 지지 않음

be responsible for~ : ~의 책임이 있다
theft : 도둑, 절도
damage : 손해, 손해를 입히다
vehicles : 교통 수단

　여기서는 **We are**가 생략되어 있는 상태입니다.

Practice with dialogue

A **I'd like to become friends.**
친구하고 싶어요.

B **We already are, aren't we?**
우린 이미 친구 아닌가요?

A **Not if you keep flattering me.**
계속 저를 비행기 태우면 친구하지 않겠어요.

게시판에서 건진 한 마디

Smoking by minors is prohibited under law.
미성년의 흡연은 법률로 금지되어 있습니다.

minor : 이류의, 부차적인, 미성년자, 부전공
probibited : 금지하다
law : 법, 법률
under law : 법률적으로

3 시작하다
begin

Basic Usage

begin은 어떤 일 특정한 시기부터 하다, 즉 시작하다라는 의미의 동사입니다. 과거는 began이며 과거분사는 begun입니다.

응용 Pattern

07 begin+to부정사
~이 시작하다

〈begin to do〉는 동작의 개시 점에, 〈begin doing〉은 개시된 동작의 계속에 중점이 있습니다. 그러나 실제로는 거의 차이 없이 쓰입니다.

When did it begin to hurt?
언제부터 거기가 아프기 시작하던가요?

Spring has come and the sap of trees begin to rise.
봄이 되니 나무에 물오르기 시작한다.

I was beginning to recover.
나는 회복되기 시작했다.

It began to snow.
눈이 오기 시작했다.

08 to begin with~
처음에는, 우선, 먼저

〈to begin with〉는 동작의 개시를 알리는 의미로 문장의 앞이나 뒤에 쓰여 〈처음에는〉 이란 뜻으로 사용합니다.

You've got to have a good start to begin with.
우선은 출발이 좋아야 된다.

May I bring you something to begin with, sir?
먼저 어느 것을 갖다드릴까요, 손님?

What shall I do to begin with?
처음에 무엇을 할까요?

To begin with, I like his looks.
우선은 그 사람의 외모가 마음에 든다.

09 at the beginning of~
~의 초기에

〈at the beginning of~〉는 어떤 행동의 시작점이나 어느 시기의 시작을 알리는 의미로 사용되는 표현입니다.

The shop will open at the beginning of next month.
그 가게는 다음 달 초에 오픈한다.

We're going to Japan at the beginning of July.
우리는 7월 초에 일본에 간다.

He died at the beginning of December
그는 12월 초에 타계했어요.

They bow to the teacher at the beginning of class.
그들은 수업을 시작할 때 신생님께 인사합니다.

4

부르다, 외치다

call

Basic Usage

call은 일반적으로 ① 누군가의 주의를 끌려고 큰 소리로 말하다 ② 사람이나 장소에 전화를 걸다. ③ 누군가가 방문하거나 물건을 배달하기 위해 잠깐 들르다라는 뜻입니다.

응용 Pattern

10 call+대명사, 명사
부르다, 외치다

〈call〉의 기본 의미는 〈큰 소리로 부르다〉라는 뜻입니다. 뒤에 명사가 두 개오면 A를 B라고 부르다라는 표현이 됩니다.

He shouted that we should call the police.
그는 경찰을 부르라고 큰 소리로 외쳤다.

Call me when you get home.
집에 도착하면 저에게 전화를 주세요.

I will call at your office one of these days.
다음 날 사무실을 방문하겠습니다.

Could you call a repairman about our copier?
복사기 고치게 수리공 좀 불러 주시겠어요?

11 call it a day
~을 그만하기로 하다

〈call it a day〉는 대화에 많이 사용하는 숙어로 〈일을 마무리 하다, 완수하다〉라는 의미로 쓰입니다.

I'm so tired. Let's call it a day.
너무 피곤하군요. 오늘은 이만 끝냅시다.

It's gotten dark. Why don't we call it a day?
날도 어두워지는 데 그만 끝내는 게 어때요?

Let's call it a day and go out for a drink.
오늘 일은 여기서 마치고 한잔하러 갑시다.

I'm not ready to call it a day.
이렇게 끝내고 싶진 않아요.

12 call for
~을 필요로 하다

〈call for~〉 다음에 사물이 오면 〈~을 필요로 하다〉, 사람이 오면 〈~를 를 데리러 가다[오다] 〉라는 의미가 됩니다.

This is the final boarding call for flight
마지막 탑승 안내 말씀 드립니다.

I'll call for you at 7 o'clock.
7시에 데리러 올게.

The position calls for an experienced engineer.
그 자리는 경력있는 기술자를 필요로 한다.

There is no call for such behavior.
그러한 행동을 할 필요는 없다.

Practice with dialogue

A When does school begin?
학교는 언제 시작하나요?

B It begins March 1st.
3월 1일에 시작해요

A Really? That's next week.
정말요? 다음 주네요.

B I know. I'm so sad.
알아요. 정말 슬프네요.

게시판에서 건진 한 마디

Private Property For Resident's Use Only
사유재산, 거주자 외 사용금지

private : 사적인 비밀의, 사립의
property : 재산, 사유물
private property : 사유지
resident : 거주자, 투숙객

Practice with dialogue

A **Hello. How can I help you?**
여보세요. 어떻게 도와드릴까요?

B **I want to change the date of my flight.**
비행기 날짜를 바꾸려고 하는데요.

A **You can call 914-2856 to change the date.**
914-2856으로 전화하시면 날짜를 변경할 수 있어요.

B **Thank you.**
감사합니다.

게시판에서 건진 한 마디

No Parking Saturday Warning You Will Be Towed!
토요일 주차금지, 경고 자동차 견인

park : 주차하다 ⇒ parking lot : 주차장
warning : 경고 ⇒ warn : 경고하다
tow : 줄로 당기다, 견인하다

5 느끼다
feel

Basic Usage

feel의 기본 의미는 〈~라고 느끼다〉의 뜻으로 feel+ 형용사는 ① 감정을 표현하는 것과 ② 몸의 상태를 나타내는 것으로 나눌 수 있습니다. 과거 및 과거분사는 felt입니다.

응용 Pattern

13 feel like~
~ 같이 되다, ~ 같은 느낌이 들다

〈feel like something〉은 특정한 사람이나 사물이 갖고 있는 성질이나 품질, 감정을 자신도 갖고 있다, 즉 〈~같은 느낌이 들다〉라는 의미입니다.

I feel like a cup of water.
물 한 컵 마시고 싶어요.

I feel like another glass of wine.
포도주 한 잔 더 먹고 싶은 생각이 든다.

I feel like I'm being overlooked.
무시당하는 기분이 들어요.

I feel like a jackass.
바보가 된 것 같은 기분이 들어요.

14 feel free to~
마음대로 ~해도 좋다

〈feel free to~〉는 상대방에 대한 배려의 표현입니다. 어떻게 하든 상관이 없으니까 하고 싶은대로 마음대로 하라고 상대의 부담을 덜어주는 의미입니다.

Please feel free to **contact me at anytime**
마음 내킬 때 언제든지 연락을 주세요.

Feel free to **look around.**
마음 놓고 천천히 둘러보세요.

Please feel free to **eat whatever you like.**
당신이 좋아하시는 것은 무엇이든 맘껏 드세요.

Feel free to **use it.**
마음껏 사용하세요.

15 get the feel of~
감각을 익히다, …에 익숙해지다

〈get the feel of~〉은 어떤 일이나 상황에 대하여 익숙해지다라는 의미입니다.

I've got the feel of **it.**
난 그것을 조금은 알 것 같아요.

It may take some time before I get the feel of **it.**
그것에 익숙해지기 전에 좀 시간이 필요할 것 같아요.

I haven't got the feel of **studying yet.**
아직 공부하는데 익숙하지 않아요.

I haven't got the feel of **playing piano.**
나는 피아노 연주에 능숙하지 않아요.

6

받다, 얻다
get

Basic Usage

get과 give는 〈주고 받기〉의 개념을 표현하는 동사입니다. get의 기본 의미는 〈~을 손에 넣다, 얻다〉의 뜻으로 아주 다양한 의미를 가진 동사입니다. 과거는 got, 과거분사는 gotten입니다.

응용 Pattern

16 get to~
~에 도착하다

〈get to+동사〉는 누군가가 특정한 태도를 몸에 익히거나, 어떤 것을 인식해 가거나, 다른 사람이나 사물을 알게 되다 할 때에도 사용합니다.

I will write to you as soon as I get to Japan.
일본에 도착하자마자 편지 보낼께요.

I got to know Miss. Kim.
나는 김양을 알게 되었습니다.

How can I get to the hotel from the airport?
공항에서 호텔까지 뭘 타고 가면 되나요?

How can I get to Jongro 3-ga?
종로 3가에 어떻게 가야 하나요?

17 have got to~
~을 해야 한다

> 〈have got to~〉는 must, need to와 같은 의미로 모두 어떤 일이 이루어져야 한다고 할 때 사용합니다. 부정형은 don't have to 입니다.

We've got to get up early tomorrow.
우리는 내일 일찍 일어나야 합니다.

You have to do what you have got to do.
네 할 일은 반드시 해야만 해.

You've got to have a good start to begin with.
첫출발이 좋아야 된다.

You have got to cover for me.
나 좀 도와줘요.

18 get out of hand~
과도해지다, 걷잡을 수 없게 되다

> 〈get out of hand~〉는 .어떤 일이나 행동이 도를 넘치거나 수습할 수 없게 될 경우에 사용하는 표현입니다.

Your kidding around is really getting out of hand.
당신 장난이 너무 지나치시군요.

Do something, before it gets out of hand.
그것이 악화되기 전에 조취를 취해라.

Thing have all gotten out of hand.
일이 모두 엉망진창이 되었다.

This is getting out of hand.
이건 정도를 넘었어요.

Practice with dialogue

A **I feel sick today.**
난 오늘 몸이 안 좋은 것 같아.

B **What's wrong?**
왜 그래?

A **I think I have food poisoning.**
식중독에 걸린 것 같아.

B **You should go to doctor.**
너 의사한테 가봐야 해

───── 게시판에서 건진 한 마디 ─────

DON'T BLOCK THE BOX
교차로에서 정차하지 마시오

block : 길이 막혀서 다닐 수 없는 상황
  ⇒ traffic block : 교통마비, 정체
box : 교차로

Practice with dialogue

A When you get there, can you call me?
거기 도착하면 전화해 줄래?

B Sure, but why?
물론이지 근데 왜?

A Because I worry about you.
네가 걱정되어서 그래.

B Oh, mom. I'm not a baby anymore.
엄마 난 이제 어린애가 아니에요.

게시판에서 건진 한 마디

NO DUMPING
쓰레기를 버리지 마시오

dump : (쓰레기를) 버리다, 투기하다
⇒ dump truck : 덤프트럭

7 주다
give

Basic Usage

give는 여러 가지 뜻을 가지고 있는 일반 동사입니다. 일반적으로 간접목적어를 취합니다. 과거는 gave, 과거분사는 given입니다.

응용 Pattern

19 give to ~
~에게 주다

누군가에게 어떤 것을 주고받을 때 많이 사용합니다. 이 때 직접목적어가 간접목적어 앞에 올 경우에는 간접목적어 앞에 to를 사용합니다.

You have to give to get.
뭔가 얻으려면 주는 것도 있어야 한다.

Ask, it will be given to you.
구하라 그러면 너희에게 주실 것이요.

He poured some soju and gave it to her.
그는 소주를 약간 따라 그녀에게 주었다.

What advice would you give to them?
그들에게 어떤 충고를 하시겠어요?

20 give ~a chance
~에게 기회를 주다, 기다려 주다

▍문자 그대로 기회를 달라고 할 때 많이 사용합니다.

Give me a chance to explain myself.
내게도 변명할 기회를 주세요.

Give him a chance. He's still very young.
그에게 기회를 주세요. 아직 어리잖아요.

Give me a chance and trust me just once.
저를 한 번 믿고 기회를 한 번 주세요.

I begged her to give me a second chance.
한 번만 더 기회를 달라고 그녀에게 애원했다.

21 give way to~
~에 굽히다

▍길을 양보하다라는 의미에서 상대방에게 어떤 일이나 상황에 대하여 자신의 의지를 굽혔을 때 사용하는 표현입니다.

Don't give way to despair.
절망하지 마라.

The Japan gave way to the allied forces in 1945.
일본은 1945년에 연합군에게 항복하였다.

She gave way to helpless misery.
그녀는 주체할 수없는 고통에 무너져 버렸다.

Reason gave way to hysteria.
이성을 잃고 히스테리 상태가 되었다.

8 가다
go

Basic Usage

go는 어떤 곳에서 다른 곳으로 가거나, 어느 장소를 지나가거나 관통하는 움직임을 나타내는 행동동사입니다. 구체적인 장소와 함께 쓸 때는 go to~가 일반적인 표현입니다. 과거는 went이고 과거분사는 gone 입니다.

응용 Pattern

22 go into ~
~에 들어가다

일반적으로 건물이나 방에 들어갈 때에 go into나 go in을 사용합니다. 하지만 자동차에 탈 때에는 get into를 사용하며, 버스, 기차, 비행기, 큰 배를 탈 때에는 get on을 사용합니다.

We go into print next month.
다음 달에 인쇄 들어갑니다.

Don't go into the water without a life jacket.
구명복을 착용하지 않고 물에 들어가지 마시오.

She plans to go into journalism.
그녀는 언론계에 들어갈 계획입니다.

She had to go into work.
그녀는 일을 나가셨어요.

23 go a long way ~
쓸모가 있다, 오래가다

〈go a long way〉는 보통 부정문에서 어떤 일이나 상황이 쓸모가 있거나 오래간다는 의미입니다.

A little education would go a long way.
조금만 교육시켜도 효과가 크게 나타날 거에요.

The room goes a long way toward meeting our needs.
이 방이면 거의 만족할 만하네요.

She and I go back a long way.
나는 그녀와 하루 이틀 알고 지낸 사이가 아니다.

Please, we go back a long way.
제발, 우린 오랜 친구잖아.

24 be going to~
~을 할 계획이다

〈be going to~〉는 미래를 나타낼 때 사용하며, 어떤 일이 일어나거나 일어나도록 의도하다라는 뜻입니다.

I think everything is going to be fine.
모든 일이 다 잘 될 거야.

She is going to hand in resignation.
그녀가 사표를 내려고 해요.

What did you think I was going to do?
내가 뭘 할 거라고 생각했어요?

Everything is going to be all right.
모든 게 잘 될 거다.

Practice with dialogue

A Your bag is very pretty.
네 가방이 정말 예쁘다.

B Thank you.
고마워.

A Where did you get it?
어디서 산거야?

B My mom gave it to me.
엄마가 줬어.

게시판에서 건진 한 마디

No Admittance During Performance
공연 중 입장 금지

admittance : 입장
during : ~하는 동안에
performance : 실행, 동작, 공연, 행위

Practice with dialogue

A **Do you have a plan for the vacation?**
방학 때 계획있어?

B **Yes, I'm going to Paris.**
응 파리에 갈꺼야.

A **Wow, How long?**
와, 얼마동안이나?

B **For two weeks.**
2주 정도.

게시판에서 건진 한 마디

Children not Admitted
어린이 입장 금지

children : 어린이
admit : (입장을) 허가하다, 인정하다

9

가지고 있다
have

Basic Usage

have는 영어에서 가장 일반적으로 사용하는 동사중 하나로 기본의미는 〈~을 가지고 있다〉입니다. 3인칭 단수는 has, ~ing형은 having, 과거 및 과거분사는 had입니다. 완료형을 나타낼 때는 "have+과거완료형"으로 합니다.

응용 Pattern

25 have+목적어(명사)
~을 가지고 있다

〈have+목적어(명사)〉형식은 어떤 행동을 실행하거나 어떤 활동에 참여하고 있다는 것을 나타낼 때 사용합니다.

I **have a very interesting book**.
그는 친절하게도 내 짐을 날라 주었다.

We **have our holidays** in August.
우리는 8월에 휴가계획을 가지고 있다.

She **has a prejudice** against you.
그녀는 당신에게 편견을 가지고 있습니다.

I **have a toothache**.
치통이 있다.

26 have to
~을 해야 한다.

〈have to〉는 must, need to 모두 어떤 일이 이루어 져야한 다고 할 때 사용합니다. 과거나 미래를 말하는 경우, had to 와 will have to를 사용합니다.

I have to get a loan from a bank.
은행에서 돈을 대출 받아야 합니다.

I had to go ten minutes ago.
나는 10분 전에 떠났어야 했어.

She will have to stay in bed for some time.
그녀는 한 동안 침대에 계셔야 할 것이다.

You have to finish the homework by five.
5시까지 그 숙제를 끝내야 해.

27 have nothing to do with~
~와는 아무런 관계가 없다

〈have nothing to do with~〉는 어떤 일이나 상황에 대하여 아무런 관계가 없다고 할 때에 사용하는 구문입니다.

He has nothing to do with you.
그는 너와 아무 관계도 없다

Money has nothing to do with love.
돈은 사랑과 아무 상관없어요.

I have nothing to do with the case.
저는 그 사건과는 전혀 무관합니다.

Memory has nothing to do with health.
기억은 건강과 아무 관련이 없다.

10 도와주다
help

Basic Usage

help의 기본 의미는 〈~을 돕다〉로 어떤 일을 쉽게 할 수 있도록 누군가를 돕다라는 뜻입니다. help가 이런 뜻일 경우 〈help+목적어+to부정사, 원형부정사〉형식을 사용할 수 있습니다.

응용 Pattern

28 help+사람+to부정사
~을 돕다

〈help+사람+to부정사〉의 패턴으로 〈사람이 ~하는 것을 돕다〉라는 뜻으로 많이 사용됩니다. 이때 to는 생략할 수도 있습니다.

Can you help me to get that desk?
저 책상 가지고 오는 것을 도와줄래?

I helped him to find his things.
그를 도와 물건을 찾아 주었다.

May I help you to some more vegetables?
야채를 좀 더 드릴까요?

He helped her to dress for the party.
그는 그녀가 파티 복을 입는 것을 도와 줬다.

29 help+사람+with+명사
~을 도와주다

〈help+사람+with+명사〉의 패턴은 〈누가 ~을 도와주다〉라는 의미로 〈with+명사〉가 돕는 내용을 나타냅니다.

Can you help me with my homework?
내 숙제 좀 도와줄래요?

Let me help you with those packages.
짐 들어 드릴게요.

Something I can help you with?
도와 드릴 일이라도 있나요?

She helped me with the translation.
그녀는 내가 번역하는 것을 도와 주었다.

30 cannot help ~ing
~하지 않을 수 없다

〈cannot help ~ing〉는 어떤 일이나 상황을 어떻게 할 수 없다는 의미의 표현입니다.

I couldn't help teasing him a little.
나는 그를 좀 놀리지 않을 수 없었다.

He cannot help distrusting his own eyes.
그는 자기 눈을 의심하지 않을 수 없다

She is depressed and cannot help crying.
그녀는 우울해져서 울지 않을 수가 없었다.

I'm afraid I cannot help you.
안됐지만 도와드릴 수가 없군요.

Practice with dialogue

A I have insomnia.
나는 불면증이 있어.

B How long have you had it?
얼마나 오래되었어?

A Two years. Since my dog died.
2년. 내 강아지가 죽었을 때부터.

B I'm sorry about that.
참 유감이다.

게시판에서 건진 한 마디

No Admittance Except On Business
관계자 외 출입 금지

admittance : 입장
except : ~를 제외하고, ~외에는
 ⇒ exception : 제외, 예외
on business : 사업상, 일로, 업무상

Practice with dialogue

A **Do you need a help?**
도와드릴까요?

B **Yes. Can you help me with this bag?**
예. 가방 좀 들어주실래요?

A **No problem.**
당연하죠.

B **Thank you.**
감사합니다.

게시판에서 건진 한 마디

Summer Sail Save Up To 50%
여름 바겐 세일 50% 인하

sale : 판매, 싼 값 ⇒ bargain : 거래, 판매 계약, 특가품
save : 구하다, 저금하다, 절약하다
up to : ~까지
save up to 50% : 50%까지 절약하다 ⇒ 50% off

11 유지하다
keep

Basic Usage

keep의 기본 의미는 〈유지하다〉로 사람이나 사물을 특정한 상태나 장소에 있게 하다라는 뜻입니다. 과거및 과거분사는 kept입니다.

응용 Pattern

31 keep+명사(형용사)
~하게 유지하게 하다

keep는 〈keep+명사〉는 〈~을 받아두다〉, 〈keep+형용사〉는 〈~한 상태를 유지하다〉라는 뜻으로 주로 많이 사용하는 패턴입니다.

Keep your fingers crossed for us.
우리들을 위해 행운을 빌어 주세요.

She worked hard to keep him quiet.
그녀는 그를 조용히 있게 하려고 애를 많이 썼다.

They beseech China to keep pace.
그들은 중국이 보조를 유지해야한다고 요청합니다.

You should keep your eyes peeled to the road.
도로에서 눈을 떼면 안 된다.

32 keep+~ing
~를 계속하다

〈keep+~ing〉는 어떤 일을 여러 번 되풀이할 때, 또는 어떤 일이나 상황이 계속 일어나면서 끝이 나지 않을 때에 사용하는 표현입니다.

The phone keeps ringing.
전화가 계속 울리고 있어요.

I'll just keep doing what I'm doing.
저는 지금까지 하던 대로 계속 할게요.

They keep getting worse. What's next?
계속 나빠지기만 하니 다음엔 어떻게 해야 되죠?

The drunken man kept piping up at the street.
술 취한 남자가 길거리에서 계속 소리를 질렀다.

33 keep up with
뒤떨어지지 않다, 지지 않다

keep up with는 어떤 일이나 상황에 대하여 뒤떨어지거나 지지 않는다고 할 때에 사용하는 표현입니다.

I ran to keep up with the others.
나는 다른 사람들에게 뒤지지 않으려고 뛰었다.

She worked hard to keep up with the other students.
그녀는 다른 학생들에게 뒤지지 않으려고 열심히 공부했다.

Production can't keep up with demand.
생산이 수요를 쫓아가지 못하고 있어요.

It seems that I can't keep up with all the changes.
나는 그 변화를 모두 따라갈 수가 없을 것 같아요

12 알다
know

Basic Usage

know의 기본 의미는 〈~을 알고 있다〉로 심리활동을 표현하는 mental 동사입니다. know 뒤에 의문부사로 시작하는 의문사절이 와서 〈~인지 알고 있다〉라는 용법을 많이 사용합니다. 과거는 knew, 과거분사는 known입니다.

응용 Pattern

34 get to know
~을 알게 되다

get to know는 어떤 사람이나 장소를 서서히 잘 알게 될 경우에 사용하는 표현입니다. 〈알게 되다〉의 뜻으로 get to 없이는 know를 사용하지 않습니다.

If you get to know her, you'll like her.
그녀를 알게 되면 그녀를 좋아하게 될 것이다.

I would like to get to know this new person better.
저는 새로 만난 사람을 더 잘 알고 싶습니다.

I'm pleased to get to know you.
당신을 알게 되어서 정말 좋아요.

How did you get to know that I was here?
내가 여기 있다는 것을 어떻게 알았지?

35 know how to
~에 능숙하다, 하는 방법을 알다

⟨know how to do something⟩은 누군가가 어떤 일을 하는데 필요한 지식이 있다라는 표현입니다.

Do you know how to drive?
당신은 운전하는 방법을 아십니까?

I really don't know how to use these buttons.
이 버튼들을 어떻게 작동하는지 정말 모르겠어요.

I didn't know how to deal with what.
무엇을 어떻게 처리해야 할지를 전혀 몰랐어요.

She doesn't know how to write
그녀는 글을 쓸 줄 모른다.

36 as far as I know
내가 아는 한

⟨as far as I know⟩에서 as far as는 ,~을 하는 한⟩이란 숙어로 문자 그대로 ⟨내가 알고 있는 한⟩이라는 의미입니다.

As far as I know, he's a really good person.
내가 알기로는 그는 정말 괜찮은 사람이다.

He is innocent as far as I know.
내가 알고 있는 한 그는 죄가 없습니다.

As far as I know, the subways are running on time.
내가 알기로는 지하철은 제시간에 운행됩니다.

As far as I know, he is not a wicked man.
내가 알고 있는 한에서는 그는 악인이 아니다.

Practice with dialogue

A **How many days can I keep it outside?**
상온에서 얼마나 보관할 수 있나요?

B **Two or three days.**
2~3일 정도요.

A **How about in refrigerator?**
냉장고에서는요?

B **You can keep it a max of one month.**
최대한 한 달 정도요.

―――― 게시판에서 건진 한 마디 ――――

Tickets must be purchased before boarding the bus
승차하기 전에 반드시 티켓을 구입하시오

must : ~을 해야 한다
purchased : 사다 구입하다
before : (시간상으로 …보다) 전에
board : 타다, 탑승하다

Practice with dialogue

A **Do you know Jane?**
제인을 아세요?

B **Yes, we went to same school.**
네 같은 학교에 다녔어요.

A **What is she like?**
그녀는 어떤 사람이에요?

B **As far as I know, she's a very good person.**
제가 알기로는 아주 좋은 사람이에요.

―――――― 게시판에서 건진 한 마디 ――――――

Please ask at the box office for details
자세한 것은 매표소에 문의 하십시오

ask : 묻다, 요청하다
box office : 매표소, 판매 수익
detail : 세부, 상세

13 허락하다
let

Basic Usage

let의 기본 의미는 〈~을 누구에게 시키다〉라는 사역동사로 다른 사람에게 어떤 일을 하도록 허락하다라는 의미의 표현입니다. let의 뒤에는 to나 ~ing형을 사용하지 않습니다.

응용 Pattern

37 Let me~
~을 해 줄게요.

〈Let me ~〉는 다른 사람에게 어떤 일을 해 주겠다고 제의를 할 때 자주 사용하는 패턴입니다.

Let me help you off with your coat.
당신이 코트를 벗을 수 있도록 도와드리겠습니다.

Would you **let me** use that phone for a while?
저 전화를 잠시 이용해도 되겠습니까?

Let me know if I can be of assistance.
도와 드릴 일이 있으면 말씀해 주세요.

Let me have the check, please.
영수증 좀 가져다 주세요.

38 let's ~
~을 하자

〈let's ~〉는 말하는 사람과 상대 모두 어떤 일을 하자고 제안할 때 사용하는 표현입니다. let's~는 let us~의 줄임말입니다.

Let's wait a few more minutes.
몇 분만 더 기다려 봅시다.

Let's wait till the rain stops.
비가 그칠 때까지 기다립시다.

Let's go for a drink after work.
퇴근 후에 후 한잔 하러갑시다.

Let's go to the beach tonight.
오늘 밤에 해변에 가자.

39 let go~
해방하다, 놓아주다

〈let go ~〉는 release 와 같은 의미로 〈풀어주다, 놓아 주다〉라는 뜻입니다. 다만 release가 let go 보다는 정중한 표현입니다.

You must let go of your past.
과거는 떠나보내야 한다.

Don't let go of the opportunity.
기회를 놓치지 마세요.

Let go of my hand!
이 손 놔!

You just have to let go of him.
그냥 그를 보내줘야 해.

14 좋아하다
like

Basic Usage

like의 기본 의미는 〈~을 좋아하다〉라는 뜻입니다. like가 전치사나 접속사일 경우에는 동일한 뜻이지만 동사일 경우에는 다른 뜻이 됩니다.

응용 Pattern

40 something is like~
~처럼 보이다

like가 전치사일 경우 어떤 사람이나 사물이 다른 것과 특성이나 행동이 비슷하다, 접속사로 사용될 경우에는 ~와 같다라는 의미입니다.

Ketchup is like Korean gochujang.
케첩은 한국의 고추장과 비슷하다.

It looks like rain.
비가 올 것 같다.

He was like a totally different person.
완전히 다른 사람 같았어요.

She is like her mother.
그녀는 어머니와 닮았다.

41 Would you like+to부정사
~하시겠어요?

〈Would you like to 부정사〉의 표현은 상대방에게 어떤 일을 권할 때에 사용합니다. like 다음에 ~ing형은 사용하지 않습니다.

Would you like another cup of coffee?
커피 한 잔 더 드시겠습니까?

Would you like to meet her?
그녀를 만나 볼래요?

Would you like to play golf with me?
저랑 골프 치러 가실래요?

Would you like to play basketball with us?
우리랑 농구하러 가실래요?

42 I'd like~
~하고 싶어요

상점이나 카페에서 주문을 할 경우에는 I'd like~를 사용합니다. 또한 상대방에게 매우 정중하게 어떤 일을 하도록 부탁할 때에는 I'd like you to~를 씁니다.

I'd like to have my bill.
계산서를 보여 주십시오.

I'd like some bananas, please.
바나나 좀 주세요.

I'd like you to tell them where I am.
그들에게 내가 어디 있는 지 말해 주기 바랍니다.

I'd like to talk to you.
당신에게 하고 싶은 말이 있는데요.

Practice with dialogue

A My girl friend broke up with me yesterday.
어제 여자 친구가 날 찼어.

B I'm sorry about that. Are you OK?
유감이다. 너 괜찮아?

A No, I don't want to break up.
아니, 난 헤어지기 싫어.

B I'm sorry but you have to let her go.
안됐지만 그녀를 놔줘야만 해.

게시판에서 건진 한 마디

Take out & Delivery Pizza
피자 포장 및 배달

take out : 가지고 나가다
delivery : 배달
  ⇒ **free delivery** : 무료 배달

Practice with dialogue

A Are you ready to order?
주문하시겠어요?

B Yes, I'd like to have a New York steak.
네 뉴욕 스테이크 주세요.

A What do you want for a side?
사이드로는 무엇을 하시겠습니까?

B I'd like to have French Fries, please.
프렌치 프라이로 주세요.

게시판에서 건진 한 마디

Restroom For Customers Only
고객 전용 화장실

restroom : 화장실
⇒ toilet : 화장실
⇒ lavatory : 공중화장실
customer : 손님, 고객

15 보다
look

Basic Usage

look의 기본 의미는 〈~을 보다〉라는 뜻입니다. see는 저절로 보이다, 눈에 보이다라는 의미라면 look은 의식적으로 구체적인 것을 보다라는 의미가 강합니다. 일반적으로 look at+명사의 패턴으로 사용합니다.

응용 Pattern

43 look at+명사~
~을 보다, 바라보다, 자세히 보다

look at은 어떤 것을 향해 시선을 돌릴 때 많이 사용하는 패턴입니다. 다른 사람이나 사물을 보고 특정한 감정을 표현할 때는 〈look+부사+at〉을 사용합니다.

She looked at the people around her.
그녀는 주위 사람들을 쳐다 보았다.

Don't look at me like that.
그런 표정으로 날 보지 말아요.

He looked sadly at his mother.
그는 슬픈 표정으로 그의 어머니를 쳐다 보았다.

Don't look at the sun with the naked eye.
맨눈으로 태양을 보지 마라.

44 look after
~에 주의하다, ~을 돌보다

look after는 사람을 돌보거나 사물을 잘 간수하라는 의미의 패턴입니다.

Thanks for looking after **my kids.**
아이들을 돌봐주셔서 감사합니다.

Could you look after **my luggage for a second?**
잠깐 짐 좀 봐주시겠습니까?

Would you mind looking after **the baby for a while?**
잠깐만 아기를 봐주시면 안될까요?

He really doesn't look after **his health.**
그는 정말로 건강을 돌보지 않는다.

45 look forward to+~ing/명사
~을 기대하다, 기다리다

〈look forward to~〉는 어떤 일이나 사람을 즐겁거나 설레이는 마음을 가지고 기다리다라는 의미의 패턴입니다.

I look forward to **seeing you in Seoul.**
나는 당신을 서울에서 만나기를 학수고대합니다.

I'm looking forward to **the briefing tomorrow.**
내일 있을 브리핑이 정말 기다려집니다.

I was looking forward to **being alone with you.**
너하고 단 둘이서만 있기를 내가 얼마나 기다렸다고.

I look forward to **meeting you.**
나는 당신을 만나길 기대한다.

16 만들다 make

Basic Usage

make의 기본 의미는 〈~을 만들다〉라는 뜻으로 여러 가지 방식으로 흔히 쓰이는 동사로 어떤 것을 만들거나 생산하는 것을 나타내기 위해 make를 사용하는 경우 간접목적어를 취할 수 있습니다. 과거와 과거분사는 made입니다.

응용 Pattern

46 make a suggestion
~을 제안하다

make는 일반적으로 사물이나 물질을 만들거나 생산하다라는 뜻입니다. 또한 어떤 행동을 한다고 말할 때에도 많이 사용합니다.

Can I make a suggestion?
제가 제안을 하나해도 될까요?

You can make petroleum out of coal.
석탄에서 석유를 추출할 수 있다.

They failed to make headway on innovation.
그들은 개혁을 진전시키는 데 실패했습니다.

I'd like to make a suggestion.
제안을 하나 하고 싶습니다.

47 make do with
견디다, 변통해 나가다

〈make do with〉는 어떤 일이나 상황이 좋지 않을 때 이겨 낸다는 의미로 쓰이는 구문입니다.

I usually make do with bread and milk for breakfast.
나는 아침을 보통 빵과 우유로 때운다.

I made do with instant noodles for lunch.
점심은 라면으로 때웠다.

We have to make do with this old car.
우리는 이 낡은 차로 견뎌야 할 것이다.

He make do with little money by living.
그는 적은 돈으로 생계를 견딘다.

48 make it
제시간에 도착하다, (장소에) 이르다, 나타나다

〈make it〉는 시간이나 약속에 제시간에 맞추어 도착한다는 의미로 쓰이는 구문입니다.

I'm not sure we're going to make it in time
제 시간 안에 해결할 수 있을지 확신하지 못하겠어요.

Do you think you can make it to class on time?
수업 시간에 맞춰 갈 수 있겠습니까?

She's not going to be able to make it to dinner.
그녀는 저녁 약속을 지키지 못할 거예요.

If I can't make it, I'll give you a call.
만약 제 시간에 못 맞춰 가게 되면 전화하겠습니다.

Practice with dialogue

A Wow, look at her.
와, 저여자 좀 봐.

B She's so pretty.
그녀는 정말 예뻐.

A She's gorgeous. Is she a model?
그녀는 멋져 모델인가?

B Actually, yes, she is.
사실 모델 맞아.

---- 게시판에서 건진 한 마디 ----

In Fire Emergency Do Not Use Elevator
화재시 엘리베이터 사용 금지

emergency : 긴급사태, 응급사태
⇒ in case emergency : 비상시
elevator : 엘리베이터 (영) lift

Practice with dialogue

A **I'm not going to do it anymore.**
더 이상 안할래.

B **What? You can't just give up like that.**
뭐? 그렇게 포기하면 안돼지.

A **Anyway, we can't make it.**
어쨌거나, 우리는 성공하지 못할거야.

B **Yes, we can! Don't give up, please.**
우린 할 수 있어 제발 포기하지마.

게시판에서 건진 한 마디

For Police, Fire Or Ambulance Help Please Call XXX
경찰, 소방차, 구급차를 부를 때는 XXX로 전화를 주십시오

police : 경찰
ambulance : 구급차

17 만나다
meet

Basic Usage

meet의 기본 의미는 〈~을 만나다, 접촉하다〉라는 뜻으로 일반 동사입니다. 어떤 장소에서 누군가를 우연히 만나 이야기를 한다는 의미입니다. 과거 및 과거분사는 met입니다.

응용 Pattern

49 meet (with)
~을 만나다

〈meet with〉는 일반적으로 의도적인 만남을 가리킬 때 쓰는 패턴입니다. 미국 영어에서 흔히 사용되는 구문입니다.

She said she wanted to meet with me.
그녀는 날 만나고 싶다고 했어요.

What if I'm too busy to meet with him?
내가 너무 바빠서 그를 만나지 못하면 어떻게 하지요?

When is it convenient for you to meet with me?
저랑 언제 만나는 게 편하시겠어요?

I'd like to meet with you tomorrow, if possible.
가능하시다면 내일 당신을 좀 만나고 싶습니다.

50 meet up
(약속을 하여) ~와 만나다

〈meet up〉는 일반적으로 약속을 하고 만남을 가리킬 때 쓰는 패턴입니다. 미국 영어에서 흔히 사용되는 구문입니다.

I'll meet up with you at 6:00 tonight at the cafe.
오늘밤 6시에 그 카페에서 만나자.

Let's surely meet up.
꼭 만나도록 하죠.

I met up with my old friend.
나는 옛 친구를 만났다.

Let's meet up sometime.
언제 한번 봅시다.

51 meet halfway
절충하다, 타협하다

〈meet halfway〉는 직역을 하면 중간에서 만나다라는 의미로 〈절충하다, 타협하다〉라는 뜻으로 쓰이는 패턴입니다.

Le's meet halfway.
서로 조금씩 양보합시다.

We decided to meet the company halfway.
우리는 그 회사와 타협하기로 했다.

How about meeting each other halfway?
서로 양보해서 타협하면 어떨까요?

We will try to meet our rivals halfway.
우리는 라이벌과 타협하도록 할 것이다.

18 필요하다
need

Basic Usage

need의 기본 의미는 〈~이 필요하다〉라는 뜻으로 일반적인 도움이나 기술적, 정신적인 도움, 생활에 필요한 것, 사람, 정보 등이 뒤에 옵니다. need는 진행형을 사용하지 않습니다.

응용 Pattern

52 need to + 동사
~할 필요가 있다

〈need to〉는 어떤 일을 하는 것이 필요하다라는 뜻이며, doesn't need to나 need to는 어떤 일을 할 필요가 없다는 뜻입니다.

To pass examinations you need to work effectively.
시험에 합격하려면 효과적으로 공부할 필요가 있다.

You don't need to shout.
너는 소리를 지를 필요가 없다.

You need to fill out a customs declaration form first.
먼저 세관신고서를 작성하셔야 합니다.

You need to seek professional help.
당신은 전문가의 도움을 받을 필요가 있어요.

53 need for
~에 필요하다

> 어떤 것이 필요하다고 할 때 need for나 need of을 사용하는데 need for를 더 많이 사용하는 경향이 있습니다.

There was no need for violence.
폭력을 쓸 필요는 없었다.

They appreciate the need for leisure.
그들은 휴식의 필요성을 인정하고 있습니다.

How many apples do we need for the salad?
샐러드를 위해 사과가 몇 개 필요합니까?

There is no need for you to get up early.
너는 일찍 일어날 필요가 없어.

54 in need of
~을 필요로 하다

> ⟨in need of⟩는 어떤 것을 필요로 할 경우에 사용하는 표현입니다. need for와 잘 구별하여 사용하여야 합니다.

I'm in dire need of some serious relaxation.
나는 제대로 된 휴식이 정말로 필요하다.

I'm in desperate need of your help.
당신의 도움이 절실히 필요합니다.

I'm in need of some information on the this project.
나는 이 프로젝트에 관한 정보가 좀 필요해요.

This building is in need of urgent renovations.
이 건물은 긴급한 수리가 필요합니다.

Practice with dialogue

A **Where do you want to meet me tomorrow.**
내일 어디서 만날까?

B **How about Macy's?**
메이시에서 만날까?

A **Good. I'll see you there.**
그래 그럼 거기서 봐.

B **Yes. See you tomorrow.**
응 내일 보자.

게시판에서 건진 한 마디

Do Not Feed The Pigeons
비둘기에게 모이를 주지 마시오

do not : 하지 마라
  ⇒ don't : 주로 회화에서 많이 사용함
feed : 모이를 주다
pigeon : 비둘기

Practice with dialogue

A **Hey! Do you want to go party tonight?**
오늘 저녁 파티에 갈래?

B **No, I need to study?**
아니 나 공부해야 해.

A **What for?**
뭐 때문에?

B **I have a graduation exam on Saturday.**
토요일에 졸업시험이 있어.

게시판에서 건진 한 마디

Clean up your dog. Maximum fine $100
개의 뒷처리를 깨끗이 하시오. 벌금 최고 100달러

clean up : 깨끗하게 청소하다
maximum : 최대의, 최대한
⇒ minimum : 최소의, 최소한
fine : 벌금

19 열다
open

Basic Usage

open의 기본 의미는 〈~을 열다〉라는 뜻으로 구멍이나 틈을 덮지 않도록 문 같은 것을 움직이다라는 의미입니다. 주어가 사람인 경우에는 〈open+목적어〉 형식을 취합니다.

응용 Pattern

55 be open to
열리다

〈be open〉은 open이 형용사로 사용되어, 문이나 창문이 열려 있는 상태를 〈be open〉이라고 합니다.

The shop is open to the public from 9 a.m. to 5 p.m. daily.
그 상점은 매일 오전 9시에서 오후5시까지 개점한다.

Knock and the door will be opened to you.
두드려라, 그러면 열릴 것이다.

Public libraries are open to all the people.
공립 도서관은 모두에게 개방되어 있다

The old temple is open to the public.
그 오래된 사찰은 대중에게 개방되어 있다.

56 open up
(문 등이) 열리다

> 〈open up〉은 문자 그대로 열리다라는 뜻으로 그 때 그 때 문맥의 상황에 따라 여러 가지로 해석할 수 있으므로 주의해야 합니다.

Could you open up?
문 좀 열어 주시겠어요?

The government has opened up the files to the public.
정부는 그 자료를 일반에게 공개했다.

I'd like to open up an account.
예금 통장을 만들고 싶습니다.

She's finally opened up and let me in.
그녀는 마침내 마음을 열고 나를 받아들였어요.

57 open minded
편견없는, 허심탄회한

> 〈open minded〉은 마음을 열다라는 뜻으로 편견이 없는, 허심탄회한이라는 의미로 쓰이는 구문입니다.

It'll be nice to have an open mind.
열린 마음을 가지는 게 좋을 것 같아요.

He is an open-minded person.
그는 의식이 깨어 있는 사람이다.

Look at the world with an open mind.
마음을 열고 세상을 바라보세요.

He is the most open-minded person.
그는 도량이 가장 넓은 사람입니다.

20 놀다, 연주하다
play

Basic Usage

play의 기본 의미는 〈놀다〉라는 의미로 즐거움을 위해 뭔가를 하다, 놀다, 운동하다, 연주하다로 발전했습니다. 보통 play+명사의 패턴을 많이 사용하며 play 뒤에 오는 스포츠는 구기종목이 많습니다.

응용 Pattern

58 play at~
~을 하며 놀다, ~을 장난삼아 하다

〈play at〉은 어떤 일이나 상황을 즐기면서 생활하는 것을 의미합니다. 즉 어떤 일을 하며 놀다, 장난삼아 하다라는 뜻입니다.

Here's the park we used to play at.
여기가 바로 우리가 예전에 놀던 그 공원입니다.

I just play at golf.
골프를 그냥 취미삼아 한다.

She plays at being a writer.
그녀는 심심풀이 삼아 글을 쓴다.

Shall we play at housekeeping?
우리 소꿉놀이 하고 놀까?

59 play with~
~을 가지고 놀다

〈play with〉는 문자 그대로 ~과 함께 놀다라는 뜻으로 ~을 가지고 논다라는 의미입니다.

It's risky to play with fire.
불장난은 위험하다.

Would you like to play golf with me?
저랑 골프 치러 가실래요?

She tends to play with men's emotions.
그녀는 남자의 감정을 가지고 노는 경향이 있다.

They have gone to play with their friends.
그들은 친구들과 함께 놀러 나갔다.

60 play a part in~
역할을 하다

〈play a part in〉은 어느 한 부분을 하고 논다라는 뜻으로 역할을 하다, 관련이 있다라는 의미입니다.

He played a big part in this negotiation.
그는 이 협상에 큰 역할을 하였다.

Luck played a part in her success.
행운이 그녀의 성공에 일부 역할을 했다.

Drugs also play a part in road accidents.
마약은 노상사고와 관련이 있습니다.

Alcohol plays a part in an estimated 30% car accident.
교통사고의 30%로 추정되는 건수가 술과 관련이 있다.

Practice with dialogue

A Hello, Are we too late to order?
저기요 음식 주문하기에 너무 늦었나요?

B No, You can order.
아니요 주문하세요.

A How long are you open to?
몇 시까지 영업하세요?

B Eleven thirty and the kitchen close at eleven.
열한시 반까지요 주방은 열한시까지고요.

게시판에서 건진 한 마디

Right Lane Must Turn Right
우측 차선, 우회전만 됨

lane : 차선
  ⇒ passing Lane Ahead : 전방 추월 차선 있음
must : ~을 해야만 한다
turn right : 우측으로 꺾다, 우회전

Practice with dialogue

A The boy playing with the red toy is my youngest son.
빨간색 장난감을 갖고 노는 아이가 제 막내에요.

B How cute! He is adorable.
귀여워라 인형같네요.

A Thank you.
고마워요.

B What is his name?
애기 이름이 뭐에요?

게시판에서 건진 한 마디

Pedestrians Please Use Opposite Sidewalk
보행자는 반대편 보도를 이용하여 주십시오

pedestrian : 보행자
 ⇒ pedestrian crosswalk : 횡단보도
opposite : 반대편, 건너 편 길의

21 넣다, 놓다
put

Basic Usage

put의 기본 의미는 〈~을 넣다, 놓다〉라는 의미로 어떤 사물을 옮겨서 특정한 장소나 위치에 놓아두라는 뜻입니다. 특히 장소를 나타내는 부사나 전치사를 동반합니다. 과거와 과거분사는 put입니다.

응용 Pattern

61 put off~
제거하다, 연기하다

〈put off〉은 어떤 일이나 상황을 없앤다는 의미로 제거하다, 연기하다, 벗다 등의 여러 가지로 해석할 수 있으므로 문맥에 따라 사용빈도가 높은 패턴입니다.

Never put off till tomorrow what you can do today.
오늘 할 수 있는 일을 내일로 미루지 마라

I broke my habit of putting off exercise.
운동을 미루는 버릇을 없앴어.

The game was put off because of the rain.
비가 오는 바람에 경기가 연기되었다.

I'm afraid we have to put off our appointment.
죄송하지만 약속 시간을 연기해야 할 것 같아요.

62 put up with
~을 참다, 견디다

⟨pu up with⟩는 어려운 상황을 받아들이고 대처하다, 즉 견디다라는 의미입니다. 동사 bear, endure와 같은 뜻입니다.

We will not put up with such behavior.
우리는 그런 태도를 참지 않을 것이다.

He could not put up with seeing a girl cry.
그는 여자가 우는 것을 참을 수가 없었다.

He couldn't put up with the ceaseless noise.
그는 그 끊임없는 소음을 견딜 수 없었다.

I can't put up with her rude behavior.
나는 그녀의 무례한 행동을 참을 수 없다.

63 put on
입다, (신발을) 신다, (반지를) 끼다, (모자를) 쓰다

⟨put on⟩은 put off의 반대되는 의미로 여러 가지로 해석할 수 있으므로 문맥에 따라 해석을 달리 할 수 있으므로 유의하여 사용해야 합니다.

You might want to put on a sweater.
스웨터 입고 나가라.

It's unsafe to drive without putting on seat belts.
안전 벨트를 매지 않고 운전하는 것은 위험하다.

She looks like she's put on weight.
그녀는 살이 좀 찐 것 같다.

Put on your seat belt before we leave.
출발하기 전에 안전벨트를 매라.

22 달리다
run

Basic Usage

run의 기본 의미는 〈달리다〉라는 뜻으로 원래 〈어떤 방향으로 달리다, 움직이게 하다〉라는 의미로 쓰입니다. 또한 〈경영하다, 운영하다〉라는 의미로도 자주 쓰입니다. 과거는 ran, 과거분사는 run입니다.

응용 Pattern

64 run away from~
~에서 달아나다, 도주하다

〈run away from〉은 ~으로부터 도망가다, 피하다의 의미입니다.

She ran away from home for no reason.
그녀는 아무런 이유 없이 집에서 나왔다.

The dog ran away from its owner.
개는 주인으로부터 도망쳤다.

You can't run away from your responsibility.
네 책임을 회피할 수는 없을 거야.

65 run out of~
~을 다 써버리다, (물건이) 바닥나다

❚ 〈run out of〉은 고갈되다, 없어지다의 의미입니다.

I have run out of money completely.
나는 돈이 다 떨어졌어요.

Let's go, we're running out of time.
갑시다, 시간이 없어요.

I ran out of time before I finished all the questions.
문제를 다 풀기도 전에 시간이 다 지나 버렸어.

66 run into~
우연히 만나다, ~에 뛰어들다

❚ 〈run into〉은 우연히 누구와 만나다, 어떤 상황에 뛰어들다 의 의미입니다.

I never dreamed I would run into you here.
너를 여기서 만날 줄이야 꿈에도 생각 못했다.

The cars have run into the truck.
차들이 트럭과 충돌했다.

I hope I never run into you again.
다시는 너와 마주치는 일이 없었으면 좋겠다.

Practice with dialogue

A How is the spring weather in Korea?
한국 봄 날씨는 어때요?

B It's warm and sunny.
따듯하고 화창해요.

A I don't need a coat, right?
코트는 필요없겠죠?

B Yes, but don't put your winter coat away yet.
네, 하지만 겨울 코트를 치워놓지는 마세요.

─────── 게시판에서 건진 한 마디 ───────

Do not alight while the bus is in motion
버스가 이동 중에는 일어서지 마시오

alight는 〈서다〉라는 구어적 표현이며, while은 〈~을 하는 동안〉을 의미하는 접속사이고, in motion은 〈움직이고 있다〉는 표현입니다. 다른 표현으로 while the bus is running 하면 〈버스가 주행 중〉이란 의미입니다.

Practice with dialogue

A My parents don't understand me at all.
우리 부모님은 날 전혀 이해하지 못해.

B Neither do my parents.
우리 부모님도 마찬가지야.

A I want to run away from home.
나 가출하고 싶어.

B Do you have place to go?
갈 곳은 있어?

게시판에서 건진 한 마디

No Stopping Any Time
정차 금지

any time은 어느 시간이므로 어떤 시간대에도 정차할 수 없습니다.

23 말하다
say

Basic Usage

say의 기본 의미는 〈말을 하다〉라는 뜻으로 상대방이 한 말을 그대로 전달하는 역할을 합니다. 글에서는 어떤 사람의 말을 인용하는 경우 say 대신 사용할 수 있는 동사가 많이 있으나, 회화에서는 항상 say를 사용합니다. 과거, 과거분사는 said입니다.

응용 Pattern

67 to say that~
~라고 말하는 것은

〈to say that〉은 상대방이 한 말에 대하여 다시 한번 강조하거나 반박을 할 때 사용하는 표현입니다.

It was callous of him to say that.
그가 그렇게 말한 것은 냉담한 짓이었다.

It was not polite to say that.
그런 말을 하다니 무례한 짓이었다.

I'm sorry to say that I can't go there.
말씀드리기 미안하지만 거기에 갈 수가 없습니다.

I regret to say that I am unable to help you.
도와 줄 수 없어 미안합니다.

68 say when~
~하고 싶을 때 말을 해라

〈say when〉은 상대방에게 말을 하도록 유도를 할 때 의문부사를 사용하여 ~할 때에 말을 하라는 표현입니다.

Say when you want to start.
언제 출발하고 싶은지 말하시오.

Let me pour it. **Say when**.
제가 따라 드리죠. 말만 하세요.

What will he **say when** you tell him?
네가 말씀드리면 뭐라고 하실까?

Did he **say when** he's be back?
그가 언제 돌아오겠다고 말했어요?

69 What do you say to~
~하시지 않겠습니까?

〈what do you say to〉은 상대방에게 어떤 일이나 상황을 제안할 때 사용하는 표현입니다.

What do you say to eating out this evening?
오늘 저녁 외식을 하는 것이 어떨까요?

What do you say to a weekend in spa?
온천에서 주말을 보내는 건 어때요?

What do you say to going to a movie this evening?
오늘 저녁에 영화 보러 가시지 않을래요?

What do you say to going for a walk?
산책하는 것이 어떨까요?

24 보다 see

Basic Usage

see의 기본 의미는 〈~을 보다, 알다〉라는 뜻으로 눈을 통해 어떤 것을 인식하거나 알아차리다라는 의미입니다. I see. 하면 어떤 것을 이해했다고 할 때 사용합니다. see의 과거는 saw, 과거분사는 seen입니다.

응용 Pattern

70 be+seen ~
~보이다

〈be+seen+~ing〉의 형식은 계속해서 일어나고 있던 사건이나 행동을, 〈be+seen+to부정사〉의 형식은 완전히 끝난 사건이나 행동을 말할 때 사용한다.

Not a soul was to be seen on the street.
거리엔 사람 그림자 하나도 볼 수 없었다.

She was seen to go out.
그녀가 외출하는 것이 보였다.

She was seen walking into the sea.
그녀가 바다 속으로 들어가는 것이 보였다.

Nobody was to be seen.
아무도 보이지 않았다.

71 see off ~
배웅하다

<see off>은 배웅하다라는 의미의 표현입니다.

It's very nice of you to see me off.
배웅을 나와 주셔서 고맙습니다.

Many people came to see her off.
많은 사람들이 그녀를 배웅하러 나왔다

I went to see my friend off at the airport.
나는 친구를 배웅하러 공항에 갔다.

Time to see her off.
그녀를 배웅할 시간이다.

72 see to it that ~
반드시 ~하도록 하다.

<see to it that>의 형식은 that 이하의 행동이나 상황을 반드시 하도록 하라는 명령의 의미를 가지고 있는 표현입니다.

He saw to it that the same mistake was not repeated.
그는 똑같은 실수가 반복되지 않도록 주의했다.

Would you see to it that they get distributed?
그것들이 배달될 수 있도록 조처해 줄래요?

See to it that you do not betray our confidence.
우리 기대에 어긋나지 않기를 바란다.

See to it that he do the job properly.
그가 일을 정확히 하도록 하세요.

Practice with dialogue

A I want to say that you can trust him.
그 사람을 믿어도 된다고 말하고 싶어.

B Can you say that?
그렇게 말할 수 있어?

A I want to, but I really don't know.
그렇게 말하고 싶은데 정말 잘 모르겠어.

B Me neither. He looks nice though.
나도 모르겠어. 괜찮아 보이기는 하는데.

―――― 게시판에서 건진 한 마디 ――――

Construction Ahead
전방 공사 중

construcction은 〈건축, 건설〉이라는 뜻입니다. 전방에 건설 중이라는 의미로 우리는 보통 〈공사 중〉이라고 표시합니다. 비슷한 의미로 under construcction도 같은 뜻입니다.

Practice with dialogue

A What did you see in the room?
방에서 무엇을 보았나요?

B Nothing.
아무것도 보지 못했어요.

A It's important. You need to tell me what you saw.
중요한 일이에요. 무엇을 보았는지 말해주어야 해요.

B I told you I didn't see anything.
아무것도 보지 못했다니까요.

게시판에서 건진 한 마디

Go Slow
서행 하시오

천천히 가라는 뜻으로 비슷한 의미의 Drive slow, Slow down도 많이 사용합니다. Slow down to limit. 하면 〈최대한 서행 하시오〉란 의미입니다.

25 앉다
sit

Basic Usage

sit의 기본 의미는 〈앉다〉라는 뜻으로 사람의 엉덩이를 어떤 것에 걸칠 때까지 몸을 낮추다, 즉 앉다라는 의미입니다. sit의 과거와 과거분사는 sat입니다.

응용 Pattern

73 sit down
앉다, 자리잡다

〈sit down〉은 앉을 자리를 명시하지 않을 때 사용하며, 앉을 자리를 명시할 때는 sit를 사용합니다.

All right, come on, let's sit down.
좋아, 이쪽으로 와서 앉게.

Shut up and sit down!
입 다물고 앉아 봐!

Come and sit here next to me.
이리 와서 내 옆에 앉아.

I just want to sit down and relax for a while.
어디 잠깐 동안 좀 앉아서 쉬고 싶어요.

74 sit at
~에 앉다

〈sit at〉은 글을 쓰기위해 책상에 앉거나 식사를 하기위해 식탁에 가까이 앉을 경우에 사용합니다.

He sat at the table sipping his coffee.
그는 테이블에 앉아서 커피를 조금씩 마셨다.

People are sitting at an outdoor cafe.
사람들이 노천카페에 앉아 있다.

I've been sitting at this computer today.
오늘 하루 종일 이 컴퓨터에 앉아 있어요.

I'll just sit at a smoking table.
나는 그냥 흡연석에 앉을게요.

75 baby-sit
아이를 돌보다

〈baby-sit〉는 take care of a baby와 마찬가지 의미로 아기를 돌보다라는 의미의 표현입니다.

She is good about baby-sitting.
그녀는 아이를 잘 봐준다.

Could you baby-sit for us?
제 아기 좀 봐주실 수 있어요?

Who baby-sits for you?
누가 당신을 대신해 아이를 봐 줍니까?

She has lots of experience baby-sitting.
그녀는 아기를 돌본 경험이 많이 있습니다.

26 소리, 음향
sound

Basic Usage

sound는 사람이 듣는 특정한 것, 즉 소리라는 뜻으로 명사, 동사 형용사로 사용합니다.

응용 Pattern

76 sound + 형용사구
~이 들리다

〈sound+형용사구〉는 자신이 듣는 것을 묘사할 때, 바로 전에 들었거나 읽은 것이 준 인상을 묘사할 때 주로 사용합니다.

Don't sound so shocked.
그렇게 놀란 듯이 말하지 마.

You make it sound so sinister.
무슨 불길한 징조처럼 들리는군요.

It may sound simple, but for some people, it is not easy.
쉬운 것처럼 들리지만 사람에 따라서는 쉽지가 않습니다.

I woke up at the sound of the cockerel crowing.
나는 수탉의 울음 소리에 깼다.

77 sound like~
~인 것 같다

〈sound like~〉는 어떤 사람이 바로 전에 묘사 했던 것에 대한 의견을 나타낼 때에 사용합니다.

That sounds like a good idea.
그것은 좋은 생각인 것 같다.

It sounds like you're not honoring your word again.
또 약속을 지키지 않으려는 듯이 들립니다.

Sounds like you speak from experience.
경험에서 나온 말처럼 들리는군요.

Sounds like you have the flu.
감기에 걸리신 것 같군요.

78 sound out ~
생각을 타진하다, 의중을 떠보다

〈sound out〉은 상대방의 생각이나 의중을 떠보다라는 의미를 가진 표현입니다.

They tried to sound me out.
그들은 나의 속을 떠보려고 했다.

Try to sound out his feelings.
그의 마음이 어떤지 한번 넌지시 떠봐라.

I wanted to sound him out about a job.
나는 일에 대해 그를 타진해 보고 싶었다.

I sounded him out on that matter.
그 문제에 대하여 그의 의견을 타진해 봤다.

Practice with dialogue

A I'm tired of walking.
걷는 것에 지쳤어요.

B You've been doing very good.
넌 정말 잘 하고 있어.

A Can we sit down for a minute?
잠깐만 쉴 수 있을까?

B Come on, we are almost there.
힘내 거의 다 왔어.

──── 게시판에서 건진 한 마디 ────

Reduce speed
속도를 줄이시오

reduce는 〈떨어뜨리다, 위축되다, 빠지다〉라는 뜻입니다. speed는 〈속력, 속도〉라는 명사입니다. 비슷한 의미로 Slow down이 있는데 이 역시 〈속도를 줄여라〉라는 의미입니다.

Practice with dialogue

A How was your vacation?
방학 어땠어요?

B Good. I went to the US and met many people.
좋았어요. 미국에 가서 많은 사람을 만났어요.

A It sounds great.
멋지군요.

B Yes, I had fun.
네 재미있었어요.

―――― 게시판에서 건진 한 마디 ――――

Emergency parking only
비상주차만 허용

고속도로나 자동차 전용도로에 있는 게시판으로 emergency는 〈긴급의〉라는 뜻입니다. parking은 〈주차, 주차지역〉을 가리킵니다.

27

가지다
take

Basic Usage

take의 기본 의미는 〈~을 가지다〉라는 뜻으로 뭔가를 취해서 가져가다라는 뉘앙스가 있습니다. 영어에서는 매우 흔히 사용하는 동사 중의 하나로 용법이 다양합니다. 과거는 took, 과거분사는 taken입니다.

응용 Pattern

79 take away
(감정·통증 등을) 없애 주다, 가지고 가다

〈take away〉는 문자 그대로 가지고 가다, 없애다라는 의미를 가진 표현입니다.

Time takes away the pain.
시간이 흐르면 고통은 다 사라지게 되어 있어요.

Two burgers to take away, please.
햄버거 두 개 포장해 주세요.

We can't just take them away from her.
그걸 빼앗을 순 없어요.

You can't take her away from me.
저에게서 그녀를 빼앗아갈 순 없어요.

80 take place
(사건 등이) 일어나다

〈take place〉는 어떤 일이 일어나다라고 할 때 사용하는 패턴입니다. happen과 occur는 비슷한 뜻이지만 계획하지 않은 일에만 사용합니다.

The meeting will take place at the Shilla Hotel.
이번 회의는 신라호텔에서 열린다.

The Olympic Games take place every four years.
올림픽 대회는 4년마다 개최된다.

We are aware that such a situation is taking place.
그런 상황이 벌어지고 있다는 것은 알고 있다.

The film festival takes place in October.
그 영화제는 10월에 개최된다.

81 take care of
~을 돌보다, 소중히 하다

〈take care of〉은 어떤 사물이나 사람을 돌보거나 소중하게 다루라는 표현으로 회화에 많이 사용되는 구문입니다.

Take care of yourself. There's a lot of flu going around.
몸조심하세요. 요즘 독감이 유행이래요.

This man's going to take care of you.
이 분이 널 돌봐줄 거야

I'll take care of it first thing tomorrow.
내일 그 일부터 제일 먼저 처리하겠습니다.

Please take care of my son while I'm not here.
제가 여기에 없는 동안에 제 아들 좀 봐주세요.

28 생각하다
think

Basic Usage

think는 어떤 일에 대한 의견이나 결정을 언급할 때, 어떤 일이 사실이 아니라고 생각할 때, 누군가가 어떤 일을 고려중일 때 등 여러 가지로 사용되는 동사입니다. 과거 및 과거분사는 thought입니다.

응용 Pattern

82 think+that~
(~라고) 생각하다, 여기다

〈think+that 절〉 형식은 어떤 일에 대한 의견이나 결정을 언급할 때 사용할 수 있습니다. 이때 think는 진행 시제를 사용할 수 없습니다.

I think it to be true.
그것은 사실이라고 생각한다.

I think you make a really cute couple.
두 분은 잘 어울리는 커플 같아요.

I didn't think to find you here.
여기서 자네를 만날 줄은 몰랐네.

I think that someday I'll gain my growth.
나는 내가 언젠가는 성숙해 질 거라고 생각한다.

83 be thinking of~
~을 생각하고 있다

다른 사람이나 사물에 대해 생각하고 있다고 할 때 사용하는 패턴입니다. be thinking of doing~하면 어떤 일을 할 것을 고려중이다라는 뜻입니다.

We are thinking of going to Jeju during the summer.
여름에 제주도에 갈까 생각중이다.

I am thinking of taking lessons in Chinese.
중국어를 배우려고 고려중이야.

He is thinking of changing jobs.
그는 전직을 고려하고 있다

I am thinking of changing school.
나는 전학을 하려고 마음먹고 있다

84 think nothing of~
~을 아무렇지도 않게 생각하다

〈think nothing of~〉은 〈~을 하고도 태연하다, ~을 아무렇지도 않게 생각하다〉라는 뜻의 패턴입니다.

We don't think nothing of poor people.
우리는 가난한 사람들을 경시하지 않는다.

He thinks nothing of working 10 hours a day.
그는 하루에 10시간 일하는 것을 대수롭지않게 여긴다.

He thinks nothing of telling lies.
그는 거짓말하는 것을 아무렇지도 않게 생각한다.

She thinks nothing of preparing for a party.
파티 준비를 아무렇지도 않게 생각한다.

Practice with dialogue

A Can I take your umbrella?
  네 우산 가져가도 돼?

B Yes, I'm going to stay at home today.
  응, 난 오늘 집에 있을거야.

A Thank you. Do you want me to buy something for you?
  고마워 뭐 좀 사다줄까?

B No, thanks.
  아니 고맙지만 괜찮아.

게시판에서 건진 한 마디

The bus runs every 5 minutes
버스는 5분 간격으로 운행됩니다.

run은 〈달리다〉라는 뜻의 동사이며, every는 〈~마다〉라는 뜻입니다. 버스 정류장에 time table(시간표)이 없는 경우에 한쪽에 이런 푯말을 두기도 합니다.

Practice with dialogue

A This is a picture of my girl friend and me.
이건 내 여자 친구와 나의 사진이야.

B She is pretty.
예쁘네요

A Yes, she is.
응 그래요

B I think you make a really cute couple.
두 분은 잘 어울리는 커플 같아요.

게시판에서 건진 한 마디

Please give up this seat for disabled persons
장애인에게 자리를 양보하세요

give up은 〈포기하다〉란 의미의 숙어입니다. 〈이 자리를 포기해라.〉, 즉 〈자리를 양보해라.〉라는 뜻입니다. disabled person은 〈장애인〉을 가리키는 말입니다.

29 사용하다
use

Basic Usage

use는 특정한 결과를 얻기 위해 어떤 것을 가지고 일을 하다, 즉 〈사용하다〉라는 뜻입니다. 명사 use는 어떤 것을 활용하는 행위, 즉 〈사용〉이란 뜻입니다. used는 명사 앞에서 형용사로 사용할 수 있습니다.

응용 Pattern

85 used to~
~을 하곤 했다

〈used to~〉 형식은 어떤 일이 과거에 규칙적으로 일어났음을 나타냅니다. 또한 어떤 일이 과거에 사실이었다는 뜻에 사용합니다.

I used to play clarinet when I was little.
난 어릴 때 클라리넷을 연주하곤 했어.

I used to work at a factory.
저는 공장에서 일한 적이 있었습니다.

We used to have a piano in our home.
예전에 우리 집에 피아노가 있었죠.

She used to spend weekend at farmhouse.
그녀는 주말을 농장에서 지내곤 했다.

86 get used to~
~에 익숙해지다

〈get used to~〉 형식은 어떤 일에 익숙해져서 그것을 받아들일 수 있다는 의미입니다.

I get used to the vegetarian diet gradually.
점차로 채식에 익숙해져 가요.

It takes time to get used to a new position.
새로운 자리에 익숙하려면 시간이 걸립니다.

She can't get used to working nights.
그녀는 야간에 일하는 데는 익숙해지지가 않는다.

You have to get used to other cultures.
당신은 타문화에도 익숙해져야 합니다.

87 make use of~
~을 사용하다

〈make use of~〉 형식은 어떤 사물이나 일을 사용한다, 혹은 이용한다는 의미로 put to use도 같은 의미로 사용합니다.

We made extensive use of computers.
우리는 컴퓨터를 여러 용도로 사용했다

Why don't you make use of your great talent?
왜 아까운 재능을 썩히고 있어요?

We must make good use of the available space.
우리는 이용 가능한 공간을 잘 활용해야 한다.

He doesn't make use of his skill.
그는 그의 기술을 사용하지 않는다.

30 기다리다
wait

Basic Usage

wait는 〈~을 기다리다〉라는 뜻으로 어떤 일이 일어나거나 누군가가 도착할 때까지 같은 장소에 머물거나 다른 일을 하지 않다, 즉 기다리다란 의미입니다.

응용 Pattern

88 wait for~
~을 기다리다

〈wait for~〉 형식은 어떤 사물이나 사람을 기다리다라는 뜻의 패턴입니다.

Please wait for a moment.
잠시 기다려 주시오.

We had a long wait for the bus.
우리는 버스를 오랫동안 기다렸다.

Time rolls on waiting for no man.
광음은 사람을 기다리지 않는다.

Please have a seat here and wait for a while.
여기에 앉아서 잠깐 기다리세요.

89 wait up~
자지 않고 (사람을) 기다리다

〈wait up~〉 형식은 어떤 사물이나 사람을 잠을 자지 않고 밤새도록 기다린다는 의미입니다.

He waited up for her until she returned.
그는 그녀가 돌아올 때까지 자지 않고 기다렸다.

I'll get back late, so don't wait up for me.
나 늦을 거야. 그러니까 기다리지 말고 자.

My mother waited up for her son.
어머니는 주무시지 않고 아들을 기다리셨다.

I will wait up for you.
자지 않고 당신을 기다릴게요.

90 wait on~
시중을 들다, 기다리다

〈wait on~〉 형식은 시중을 들다, ~을 기다리다는 뜻으로 사용되는 패턴으로 on 대신에 at을 사용할 수도 있습니다.

She will wait on table.
그녀가 식사 시중을 들거예요.

They've been waiting on us hand and foot all night.
밤새도록 손과 발을 다해 시중을 들어 주는군요.

They are waiting on line for the buffet.
그들이 뷔페 음식을 먹으려고 줄서서 기다리고 있다.

Time rolls on waiting for no man.
광음은 사람을 기다리지 않는다.

Practice with dialogue

A **I used to hate Michael Jackson.**
난 마이클 잭슨이 싫었어.

B **Why? He's a great singer.**
왜? 그는 대단한 가수야.

A **I thought he hates being black.**
나는 그가 흑인이라는 것을 싫어하는 줄 알았어.

B **That's not true.**
그건 사실이 아니야.

―――― 게시판에서 건진 한 마디 ――――

Beware of pickpockets!
소매치기 주의!

전철 등에서 흔히 볼 수 있는 표시판으로, beware는 〈방심하지 않다, 주의하다〉라는 뜻으로 전치사 of과 함께 쓰입니다.

pickpocket에서 pick는 〈훔치다, 속이다〉와 pocket 〈호주머니〉의 합성어로 〈소매치기〉라는 뜻입니다.

Practice with dialogue

A **Where are you now?**
지금 어디야?

B **I'm in my house. What's up?**
집에 있는데 무슨 일이야?

A **I'm waiting for you for one hour.**
한 시간째 널 기다리고 있잖아.

B **Ah! I completely forgot the appointment.**
이런 약속을 완전히 잊어버렸네.

게시판에서 건진 한 마디

Mind the Gap
발 밑을 주의하시오

전철에서 자주 듣는 방송으로, 홈과 전철 사이가 넓기 때문에 주의를 환기시키는 내용입니다.

mind는 〈주의하다, 조심하다〉라는 동사이며, gap는 〈틈, 간극, 격차, 차이〉의 뜻입니다.

This town isn't big enough for the both of us.
내가 하기 싫은 일은 남에게도 시키지 마라.

Part 2

핵심패턴 *60*

1. Would like to~?

원하는 것을 물어볼 때

What would like to~?
무엇으로 ~하시겠어요?

When would like to~?
언제 ~하고 싶으세요?

How would like to~?
~을 어떻게 해 드릴까요?

Basic Pattern

01 What would like to~?
무엇으로 ~하시겠어요?

> 상대방의 의향을 묻거나 제안을 할 때 쓰는 정중한 표현입니다. 격식있는 자리에서 예의를 갖출 때 사용합니다.

What would you like to buy?
무엇을 사려고 하십니까?

What would you like to order?
무엇을 주문하시겠습니까?

What would you like to drink with your meal?
식사에 딸린 음료는 뭘로 하시겠습니까?

What would you like to have for dinner?
저녁때 뭐 먹고 싶어요?

02 When would like to~?
언제 ~하고 싶으세요?

〈Would you like to~?〉에 의문 부사를 붙여 〈언제 ~을 하시겠어요?〉 하고 정중하게 묻는 표현입니다.

When would you like to go?
언제 가시고 싶습니까?

When would you like to meet?
언제 만날 수 있을까요?

When would you like me to start work?
언제부터 일을 하면 될까요?

When would you like it to be done?
언제 그것을 끝낼 수 있나요?

03 How would like to~?
~을 어떻게 해 드릴까요?

how는 방법·정도·상태 등에 관한 의문을 나타내는 데 사용하는 의문부사입니다. 동사를 수식하는 경우도 있지만 형용사, 부사를 수식하는 경우가 많습니다.

How would you like to arrange payment?
어떤 방법으로 지불을 하시겠어요?

How would you like to change?
얼마나 교환하시겠습니까?

How would you like me to cut your hair?
어떻게 잘라 드릴까요?

How would you like to come to my office?
저희 사무실에 오시는 게 어떠세요?

2. 무엇인지 물어볼 때
What is~?

What are you going to~?
무엇을 할 거예요?

What kind of ~?
어떤 종류의 ~을 해?

What is ~like?
~은 어때요?

Basic Pattern

04 What are you going to~?
무엇을 할 거예요?

> 앞으로 할 일을 계획하고 있음을 전할 때 무엇을 하려고 생각하고 있는지를 묻는 표현입니다.

What are you going to do after you graduate?
졸업한 다음에는 뭘 할 거니?

What are you going to do this weekend?
이번 주말에 뭐할 거야?

What are you going to do during the holidays?
휴일 동안 무엇을 할 거니?

What are you going to do in Busan?
부산에 가서 무엇을 하실 겁니까?

05 What kind of ~?
어떤 종류의 ~을 해?

〈What kind of~?〉 어떤 종류에 대해 확실한 대답을 얻고 싶을 때 쓰는 표현입니다.

What kind of room would you prefer, sir?
어떤 방을 원하시는데요, 선생님?

What kind of thing are you looking for?
어떤 종류의 물건을 찾고 계십니까?

What kind of gift do you want?
어떤 종류의 선물을 원하시나요?

What kind of desserts do you like?
당신은 어떤 종류의 디저트를 좋아하나요?

06 What is ~like?
~은 어때요?

어떤 일이나 상황이 어떠한 지를 묻는 표현입니다. What은 how의 의미를 갖습니다.

What is it like studying abroad in Japan?
일본에서의 유학 생활은 어때요?

What is the weather like in May?
5월의 날씨는 어때요?

What is his reputation like?
그에 대한 평판은 어떤가요?

What were you like in high school?
고등학교 때 당신 어땠어요?

Practice with dialogue

A How would you like to arrange payment?
어떤 방법으로 지불을 하시겠어요?

B I'll pay with my credit card.
신용카드로 하겠습니다.

A Can you sign here, please? Your room is 1021.
이곳에 서명을 해주시겠어요? 방 번호는 1021입니다.

B Thank you.
감사합니다.

A I hope you enjoy your stay in L.A.
LA에서의 체류가 즐거우시길 바라겠습니다.

영어 속담 한 마디

All that glitters is not gold.
반짝인다고 해서모두 금은 아니다.

셰익스피어의 〈베니스의 상인〉에 등장하는 이 속담은 어떤 대상을 외관과 외모로 판단하다가는 실제 가치보다 과대평가하는 오류를 범하기 쉽다는 의미로 부분적이고 외형적인 현상으로만 어떤 사물의 본질을 추론할 수는 없다는 뜻이다.

Practice with dialogue

A I'm trying to find a Christmas present for my wife.
아내에게 줄 크리스마스 선물을 찾고 있습니다.

B OK. What kind of thing are you looking for?
네. 어떤 것을 찾고 계십니까?

A I'm not sure, really. Maybe you can help me.
잘 모르겠어요. 저를 도와 주셔야 할 것 같아요.

B How about bracelets?
팔찌가 어떻습니까?

A Oh, well, maybe you could show me some bracelets, then.
오, 그럼 팔찌 좀 보여주세요.

영어 속담 한 마디

Slow but sure wins the race.
느려도 꾸준히 해야 이긴다.

이 속담은 토끼와 거북이의 경주에 관한 이솝우화에서 유래했다. 이야기가 주는 교훈 그대로 〈느리지만 꾸준히 하는 것이 해나가는 것이 좋다는 것을 의미한다. 인내와 끈기가 성공을 갖다 준다.

3 장소를 물어볼 때
Where can I~?

Where can I~?
어디에서~을 할 수 있나요?

Where do you ~?
어디에서~을 하죠?

Where is the nearest~?
가장 가까운 ~가 어디죠?

Basic Pattern

07 Where can I~?
어디에서~을 할 수 있나요?

> 자신이 어떤 장소에서 무엇인가를 할 수 있는 지를 정중하게 물어보는 표현입니다.

Where can I exchange my dollars for yen?
어디에서 달러를 엔으로 환전할 수 있습니까?

Where can I buy a subway ticket?
지하철 표를 어디에서 구입할 수 있나요?

Where can I board the ship to Cheju-do?
제주도행 배는 어디에서 타죠?

Where can I find the toilet?
화장실이 어디 있지요?

08 Where do you ~?
어디에서~을 하죠?

〈Where do you~?〉는 문장 그대로 〈당신은 어디에서~을 할 겁니까?〉하고 묻는 표현입니다.

Where do you come from?
고향이 어디입니까?

Where do you usually go for a walk?
산책하러 주로 어디로 가십니까?

Where do you plan to stay?
어디에서 머무르실 건가요?

Where do you want to eat?
어디서 식사할 거지요?

09 Where is the nearest~?
가장 가까운 ~가 어디죠?

상대방에게 가장 가까운 장소가 어디인지 물어보는 표현으로 회화에서 많이 사용되는 구문입니다.

Where is the nearest hospital?
가장 가까운 병원이 어디 있습니까?

Where is the nearest convenience store?
가장 가까운 편의점이 어디 있어요?

Where is the nearest parking lot around here?
근처에 제일 가까운 주차장이 어디 있지?

Where is the nearest subway station?
가장 가까운 지하철역이 어디죠?

4

일정을 물어볼 때
When are you~?

When are you ~ing?
언제 ~할 거예요?

When was the last time~?
~을 마지막으로 한 게 언제죠?

When do you want to~?
언제 ~을 하고 싶으세요?

Basic Pattern

10 When are you ~ing?
언제 ~할 거예요?

가까운 미래에 할 일을 언제 할 것인지 물어볼 때 사용하는 표현입니다.

When are you moving into your new house?
언제 새집으로 이사 가세요?

When are you planning to return to your home country?
언제 귀국할 예정입니까?

When are you leaving for your vacation?
휴가 언제 떠나세요?

When are you going to marry?
언제 결혼할 거야?

11 When was the last time~?
~을 마지막으로 한 게 언제죠?

> 마지막으로 한 행동이나 말이 언제였는지 물어보는 표현입니다. 처음으로 한 것을 묻는다면 last를 frist로 바꾸면 됩니다.

When was the last time you saw him?
그를 마지막으로 본 게 언제죠?

When was the last time you went to the movies?
마지막으로 영화를 본 것이 언제입니까?

When was the last time it was increased?
그것이 마지막으로 인상된 것이 언제죠?

When was the last time you tried?
마지막으로 해본 게 언제죠?

12 When do you want to~?
언제 ~을 하고 싶으세요?

> 상대방에게 언제 그 일을 하고 싶은지 원하는 때를 물어보는 표현입니다.

When do you want to get together?
언제 만나기를 바라세요?

When do you want to break for lunch?
언제 점심 먹을 거예요?

When do you want to go back?
언제 돌아오시길 원하십니까?

When do you want to come?
언제 쯤 오시겠습니까?

Practice with dialogue

A Where are you going?
어디 가시나요?

B I'm going to downtown.
시내에 가요.

A This bus doesn't go to downtown.
이 버스는 시내에 가지 않아요.

B Ah. Where can I take a bus to downtown?
아. 어디서 시내로 가는 버스를 탈 수 있나요?

영어 속담 한 마디

There is nothing new under the sun.
하늘 아래 새로운 것은 없다.

이 속담은 성경 전도서1장 9절에 나오는 〈What has been is what will be, and what has been done is what will be done, and there is no new thing under the sun. ⇒ 존재했던 것은 앞으로도 존재할 것이요, 이미 행해졌던 것은 앞으로도 행해질 것이다. 그리고 태양아래 새로운 것은 없도다.〉라는 구절에서 유래됐다. 현재 일어나는 모든 일은 과거에 한 번 일어났던 것임을 상기시켜주는 속담.

Practice with dialogue

A **When are you going back to Korea?**
언제 한국으로 돌아가시나요?

B **In three days.**
3일 있다가요.

A **Is there any possiblity you can stay more?**
더 머무를 가망성은 없나요?

B **No, I have things to do in Korea.**
아니요, 한국에서 해야 할 일들이 있어서요.

영어 속담 한 마디

All roads lead to Rome.
모든 길은 로마로 통한다.

이 속담은 로마제국 시절 로마인들이 계속해서 걸어가면 결국에는 로마에 다다를 수 있도록 도로 체계를 만들어 놓은 사실에서 유래되었다고 합니다. 종종 로마의 역사·문화·정신적 영향력을 상징하는 표현으로 사용되기도 합니다.

하나의 목적을 달성하기 위해서는 다양한 방법이 있다는 것을 의미합니다.

5

제안을 할 때 1
How about~?

How about~ing?
~하는 건 어때요?

What about (~lng)?
~하는 건 어때요?

We'd better~
~하는 게 좋겠어요

Basic Pattern

13 How about~ing?
~하는 건 어때요?

> 〈~하는 건 어때?〉하고 제안할 때 자주 쓰이는 표현입니다.
> 동사를 사용할 경우에는 ~ing의 형태를 사용하면 됩니다.

How about going fishing tomorrow?
내일 낚시하러 갈까?

How about having lunch together tomorrow?
내일 점심을 같이 하는 건 어때요?

How about driving out to the suburb?
교외로 드라이브 가는 것 어때요?

How about going to a movie?
영화나 보러 가는 것은 어때요?

14 What about (~Ing)?
~하는 건 어때요?

> What about~?도 제안하는 뜻을 가지지만 상황에 따라 다른 의미로 쓰이기도 합니다. 섭섭하거나 불만이 있을 때 이를 드러내는 표현이 되는 것입니다.

What about a trip to Southeast Asia?
동남아시아로 여행을 가는 게 어때요?

What about a break?
좀 쉬는 것은 어떨까요?

What about it? What do you want me to do?
그래서 어쨌다는 거야? 나 보고 어쩌라는 거야?

What about going on a picnic?
피크닉에 가는 것은 어떨까요?

15 We'd better~
~하는 게 좋겠어요

> better는 보다 나은, 보다 좋게라는 뜻으로 well, good의 비교급입니다. 다만 had better하면 충고나 명령의 의미도 포함되어 있다는 것도 알아두세요.

We'd better leave now or we'll miss the train.
우리 지금 출발하는 게 좋겠어. 아니면 기차를 놓칠 거야.

I think **we'd better** head back.
다시 돌아가는 게 낫겠는데요.

We'd better take a subway.
우리 지하철을 타는 게 좋겠어요.

We'd better get home.
집에 가는 것이 좋겠다.

123

6

제안을 할 때 2
Why don't you~?

Why don't you~?
~하는 게 어때요?

Let's ~.
~을 하자

May I suggest~?
제가 제안을 해도 될까요?

Basic Pattern

16 Why don't you~?
~하는 게 어때요?

> 상대방에게 뭔가를 제안하거나 권유를 하는 표현으로 회화에서 아주 많이 사용되는 표현입니다. 비교적 친근한 사이에서 사용합니다.

Why don't you start from the beginning?
처음부터 시작해 보는 것이 어때요?

Why don't you visit the service center?
서비스센터에 가 보시는 게 어떻습니까?

Why don't you have dinner with me this evening?
오늘 저녁 식사를 같이하는 것이 어떨까요?

Why don't you tell me what's going on?
무슨 일인지 얘기해 봐요?

17 Let's ~.
~을 하자

〈let's ~〉는 말하는 사람과 상대 모두 어떤 일을 하자고 제안할 때 사용하는 표현입니다. let's~는 let us~의 줄임말입니다.

Let's go to the E-mart.
이마트에 갑시다.

Let's go to the ski resort this weekend.
이번 주말에 스키장에 갑시다.

Let's go for a drink after work.
퇴근 후에 한잔 하러갑시다.

Let's go for a drive.
드라이브 가요.

18 May I suggest~?
제가 제안을 해도 될까요?

상대방에게 무엇인가를 제안하고 답변을 기다릴 때 사용하는 표현입니다. 〈Can I~?〉 보다는 좀 더 정중한 표현입니다.

May I suggest another strategy?
제가 다른 전략을 제안해도 될까요?

May I suggest a wine with this dish?
이 요리에 포도주를 제안해 드려도 될까요?

May I suggest a good soju cocktail?
좋은 소주 칵테일을 권해도 될까요?

May I suggest an alternative idea?
제가 대안을 제안해도 될까요?

Practice with dialogue

A **What do you want to eat?**
뭐 먹을래요?

B **How about Chinese food?**
중국 음식 어때요?

A **Good. There's one just across the street.**
좋아요. 길 건너 음식점이 있어요.

B **Let's go there.**
그리로 가죠.

--- 영어 속담 한 마디 ---

Money makes mare to go.
돈은 암말을 움직이게 만든다.

'mare'는 암말. 암말은 고집이 세기로 유명한 동물로 알려졌는데 돈은 이 암말도 움직이게 만든다는 속담입니다. 성경에도 〈Money answer all thing.⇒돈이 모든 것에 답하느니라.〉(전도서 10:19)라는 말이 있으며, 셰익스피어의 저서에도 〈If money go before, all ways do lie open.⇒돈이 앞서 가면 모든 길이 열린다.〉 라는 말이 속담처럼 쓰이기도 합니다.

Practice with dialogue

A It's very hard to learn English.
영어 배우기가 힘들어요.

B Yes it is. Why don't you get a English tutor?
맞아요 영어 선생님을 구하는 것이 어때요?

A That's a good idea. Do you know anyone?
좋은 생각이에요 누구 아는 사람있어요?

B Yes, I can introduce you a tutor.
예 내가 소개시켜 줄께요.

영어 속담 한 마디

A rolling stone gathers no moss.
구르는 돌에는 이끼가 끼지 않는다.

이 속담은 대부분의 사람들이 이동을 하지 않고 정착된 생활을 하던 농경 시대에 생겨난 속담입니다. 계속해서 이리저리 옮겨 다니며 정착하지 못하는 사람은 재산을 모을 수 없다는 의미로 안정과 정착의 중요성을 강조하는 속담입니다.

7 Why are you~?

이유를 물어볼 때

Why did you~?
왜 ~을 했어요?

Why are you ~ing?
왜 ~을 하고 있어요?

How come~?
어째서~한 거야?

Basic Pattern

19 Why did you~?
왜 ~을 했어요?

> 과거에 주어가 한 일에 대한 이유를 물을 때 사용하는 표현입니다. 과거의 동작이나 행위에 대한 질문으로 많이 사용합니다.

Why did you sleep down here?
왜 여기서 주무셨어요?

Why did you fight each other?
당신들은 왜 서로 싸웠나요?

Why did you come to school so late?
너는 왜 이렇게 학교에 늦게 왔어?

Why did you lie to me?
왜 나한테 거짓말을 했어?

20 Why are you ~ing?
왜 ~을 하고 있어요?

> 상대방에게 현재 행위에 대한 이유를 직접적으로 물어보는 표현입니다.

Why are you asking me this right now?
왜 그런 걸 지금 물어보는 거야?

Why are you calling me so late?
왜 이렇게 늦은 시각에 전화를 하죠?

Why are you looking at me like that?
왜 그런 식으로 쳐다봐?

Why are you looking so down today?
너 오늘 왜 그렇게 우울해 보이니?

21 How come~?
어째서~한 거야?

> 상대방에게 이유를 물어보는 구어적인 표현으로 많이 사용합니다. 부정적인 의미가 다분히 섞여 있습니다.

How come you are here alone?
자네 어떻게 여기 혼자 왔나?

How come you are not eating lunch?
점심을 왜 안 먹으려 해?

How come you didn't invite him?
왜 그 분을 초대하지 않았어요?

How come you didn't call me last night?
어제 저녁에 왜 전화 안 했어?

8 Can I~?

양해나 허가를 구할 때

May I ~?
제가 ~해도 될까요?

What can I ~?
내가 무엇을 ~할 수 있나요?

Is it all right to ~?
~해도 괜찮을까요?

Basic Pattern

22 May I ~?
제가 ~해도 될까요?

> 상대방에게 무엇인가를 요청하고 답변을 기다릴 때 사용하는 표현으로 〈Can I~?〉 보다는 좀 더 정중한 표현입니다.

May I offer you something cold to drink?
뭐 시원한 것 좀 드시겠습니까?

May I ask you a personal question?
사적인 질문을 하나 해도 되겠습니까?

May I have your name and some identification?
성함을 말씀해 주시고 신분증 좀 보여주실래요?

May I ask you to be quiet?
좀 조용히 해 주시겠어요?

23 What can I ~?
내가 무엇을 ~할 수 있나요?

〈What can I ~?〉는 내가 무엇을 할 수 있는지를 상대방이나 자기 자신에게 대답을 구하는 표현입니다.

What can I do for you?
무엇을 도와드릴까요?

What can I get you to drink?
마실 것 뭐 가져다 드릴까요?

What can I get him for a birthday present?
그에게 생일 선물로 뭘 줘야 할까?

What time **can I** get the next bus?
다음 버스는 몇 시에 있습니까?

24 Is it all right to ~?
~해도 괜찮을까요?

상대방의 의견을 묻거나 긍정적인 대답을 기대하고 허락을 구할 때 쓰는 표현으로 all right 대신 ok를 사용해도 됩니다.

Is it all right to park here?
여기에 주차해도 괜찮을까요?

Is it all right if I come in a little late tomorrow?
내일 좀 늦게 출근해도 될까요?

Is it all right if I leave a little early today?
오늘 일찍 퇴근하면 안 될까요?

Is it all right to call you?
당신에게 전화해도 될까요?

Practice with dialogue

A Why are you learning English?
너는 왜 영어를 배우니?

B I want to get a job in America.
미국에서 일하고 싶어서요.

A What kind of job do you want?
어떤 일을 하고 싶어요?

B I want to be an accountant.
회계사가 되고 싶어요.

영어 속담 한 마디

Let sleeping dogs lies.

잠자는 사자를 건드리지 마라.

이 속담은 침입자를 공격하도록 훈련받은 경비견을 비유한 표현으로, 자고 있는 경비견을 깨우는 것은 어리석은 짓이라는 의미입니다. 즉 필요없이 사람을 자극하여 화나게 하거나 문제를 일으킬 필요는 없다라는 뜻입니다.

Practice with dialogue

A Can I borrow your phone?
전화 좀 빌려도 돼?

B Sure. What happened to your phone?
물론. 근데 네 전화는?

A I've lost it.
잃어버렸어.

B Is your phone black?
혹시 검은 색 전화야?

영어 속담 한 마디

As you sow, so you reap.
뿌린 대로 거두리라.

이 속담은 성경 갈라디아서6장 5~8절에서 유래한 것으로, 노력을 얼마나 했느냐가 얼만큼의 수확을 결정한다는 의미입니다. 또한 시편 126장 5절에도, ⟨They that saw in tears shall reap in joy. ⇒ 눈물로 씨앗을 뿌리는 자는 기쁨으로 거두리라.⟩라는 말이 있습니다. 즉 자신의 행동에 대한 결과를 받아들여야만 한다는 뜻입니다.

9

권유를 할 때

Would you like~?

Would you like~?
~을 드릴까요?

Can I get you~?
~좀 갖다 드릴까요?

Would you care for~?
~을 드릴까요?

Basic Pattern

25 Would you like~?
~을 드릴까요?

> 상대방에게 아주 정중하게 제안을 하거나 권유할 때 쓰는 표현으로 격식있는 자리에서 많이 사용합니다.

Would you like something cold to drink?
뭐 시원한 것 좀 드시겠습니까?

Would you like to take them out dancing tonight?
오늘 밤에 같이 춤추러 갈래요?

Would you like to leave a message?
메시지 남겨두시겠습니까?

Would you like to do some shopping?
쇼핑하고 싶은 게 있으세요?

26 Can I get you~?
~좀 갖다 드릴까요?

> 누군가에게 대접을 하고 싶다거나 친절을 베풀고 싶을 때 쓰는 표현입니다.

Can I get you a soju?
소주 좀 갖다 드릴까요?

Can I get you anything else?
더 필요하신 건요?

What can I get for you?
뭘 드릴까요?

Can I get you some anodyne?
진통제 좀 갖다 드릴까요?

27 Would you care for~?
~을 드릴까요?

> 〈Would you care for~?〉는 상대방이 어떤 것을 좋아하면 한 번 더 해보겠냐고 권할 때 쓰는 표현입니다.

Would you care for something to drink?
뭐 마실 거 좀 드시겠습니까?

Would you care for a cup of tea?
차 한 잔 드시겠어요?

Would you care for another drink?
한잔 더 드릴까요?

Would you care to join me?
저와 함께 하실래요?

135

10 부탁을 할 때
Could you~?

Could you~?
~을 해주시겠어요?

Can you tell me~?
~좀 알려주시겠어요?

Would you please~?
~좀 해주실래요?

Basic Pattern

28 Could you~?
~을 해주시겠어요?

> 〈Can you~?〉보다 좀 더 정중한 표현으로 상대방에게 어떠한 일을 부탁할 때 사용하는 표현입니다.

Could you say that again?
다시 말해 줄래요?

Could you loan me some money?
돈 좀 꾸어 주시겠습니까?

Could you tell me the way to the post office?
우체국 가는 길을 가르쳐 주실 수 있나요?

29 Can you tell me~?
~좀 알려주시겠어요?

> 상대방에게 어떤 일이나 사물에 대해 말해 줄 수 있는 지 물어볼 때 사용하는 표현입니다.

Can you tell me where we're going?
어디로 가는지 말해 줄래?

Can you tell me where the restaurant is?
식당이 어디 있는지 말씀해 주시겠어요?

Can you tell me what time it is in LA now?
지금 LA는 몇 시죠?

Can you tell me how I can get better at English?
영어를 어떻게 하면 더 잘 할 수 있는 지 알려주시겠어요?

30 Would you please~?
~좀 해주실래요?

> 상대방에게 무엇인가를 공손하게 부탁할 때 많이 사용하는 표현입니다.

Would you please change this for me?
이것을 잔돈으로 바꿔 주세요.

Would you please pass the sugar?
설탕 좀 건네 줄래요?

Would you please tell me your name and address?
성함과 주소를 말씀해 주시겠어요?

Would you please turn down the music?
음악 좀 줄여 줄래요?

Practice with dialogue

A How are you?
안녕하세요?

B I'm good. How are you?
저는 좋아요 당신은요?

A Good. Would you like to have lunch sometimes?
좋아요 언제 점심이나 같이할래요?

B Sure, thanks.
물론이죠 고마워요.

영어 속담 한 마디

The proof of the pudding is in the eating.
먹어봐야 맛을 안다.

직역을 하면 푸딩이 아무리 맛이 있어 보여도 직접 맛을 보기 전에는 그 맛을 알 수 없다는 의미입니다. 이와같이 어떤 것을 평가하는 유일한 방법은 직접 시도하는 것이 가장 확실하다는 뜻입니다.

Practice with dialogue

A **Could you please come here right now?**
지금 여기로 와 주실 수 있나요?

B **Why? Is there something wrong?**
왜요? 무슨 일이에요?

A **There's a mouse in my room.**
제 방에 쥐가 있어요.

B **Oh, I'll be there in ten minute.**
저런 십분안에 갈께요.

영어 속담 한 마디

One swallow does not make a summer.
제비 한 마리가 왔다고 여름이 온 것은 아니다.

이솝우화 중에 한 가난한 젊은이가 제비 한 마리를 보고 봄이 왔다고 생각하여 자신이 입고 있던 외투를 팔아 끼니를 연명하였지만 이내 다시 추위가 찾아오자 제비는 죽었고 그 젊은이는 외투도 없이 긴 겨울의 추위를 견디었다는 얘기가 있습니다. 즉 한 가지의 희망적 증거를 가지고 전반적으로 호전이 되었다는 것은 충분하지 않다라는 의미입니다.

11 How many~?

수량이나 가격을 물을 때

How many~?
몇이나 됩니까?

How much~?
얼마입니까?

How much do you~?
얼마나 됩니까?

Basic Pattern

31 How many~?
몇이나 됩니까?

> 구체적인 수를 물을 때 쓰는 표현으로 셀 수 있는 명사와 함께 사용합니다.

How many people are there in a class?
한 반에 몇 명이 있죠?

How many times do you eat out a month?
한 달에 외식을 몇 번 하니?

How many cups of coffee do you drink in a day?
하루에 커피를 몇 잔 마셔요?

How many days are there in a week?
1주일은 며칠인가요?

32 How much~?
얼마입니까?

> 구체적인 양을 물어볼 때 쓰는 표현으로 셀 수 없는 명사와 함께 사용합니다.

How much does this TV cost?
이 TV는 얼마입니까?

How much is a round-trip ticket for children?
어린이 왕복 요금은 얼마입니까?

How much is the fare to Busan?
부산행 요금이 얼마입니까?

How much does it cost for adults?
성인은 요금이 얼마인가요?

33 How much do you~?
얼마나 됩니까?

> 상대방에게 얼마냐고 구체적인 양을 물어볼 때 사용하는 표현입니다.

How much do you need?
얼마나 필요하십니까?

How much do you charge for a single, please?
1인용 객실 요금이 얼마죠?

How much do you usually drink?
주량이 얼마나 되세요?

How much do you earn a year?
연봉은 얼마나 되십니까?

기간을 물어볼 때

12 How long~?

How long have you ~?
~한지 얼마나 됐어요?

How long will you~?
얼마나 오래 ~할 건가요?

How long does it take ~?
~하는데 얼마나 걸리나요?

Basic Pattern

34 How long have you ~?
~한지 얼마나 됐어요?

> 어떤 일이나 사건이 얼마나 오랜 동안 진행되었는지 그 기간을 물어보는 표현입니다.

How long have you two known each other?
너희 둘은 서로 알게 된지 얼마나 된 거야?

How long have you been in Korea?
한국에 있는지 얼마나 되는데?

How long have you been behind the wheel?
운전하신지는 얼마나 되셨어요?

How long have you been waiting here?
여기서 얼마나 오래 기다리셨어요?

35 How long will you~?
얼마나 오래 ~할 건가요?

> 어떤 일이나 상황을 어느 정도의 기간까지 할 거냐고 물어 볼 때 쓰는 표현입니다.

How long will you be gone?
얼마나 오래 가 있을 겁니까?

How long will you be in the USA?
미국에서 얼마나 머무를 예정이세요?

How long will you be in hospital?
병원에 얼마나 있어야 돼?

How long will you be on vacation?
얼마 동안 휴가를 갈 생각입니까?

36 How long does it take ~?
~하는데 얼마나 걸리나요?

> 어떤 일을 하는 데 어느 정도의 시간이 걸리는 지 물어 볼 때 쓰는 표현입니다.

How long does it take from here to the station?
여기서 역까지 얼마나 걸리지요?

How long does it take to get to the 63 building?
63빌딩까지 가려면 얼마나 걸려요?

How long does it take to get a passport?
여권 만드는 데 얼마나 걸려요?

How long does it take you to get home from here?
여기서 집까지 가는데 얼마나 걸리나요?

Practice with dialogue

A How many family members do you have?
가족이 몇 명이에요?

B Three. My parents and I.
세 명이요 부모님과 저랑요.

A You are an only child?
외동이세요?

B Yes, I want to have a sister.
네. 여동생이 하나 있었으면 해요.

영어 상식 한 마디

Department

대부분의 학생들이 백화점하면 department라고 생각하는 경우가 많습니다. 하지만 Department는 쇼핑하는 곳이 아니고, 큰 조직을 이루는 단위를 가리키는 말로 '부서', '처'를 말하는 의미입니다. 또한 일반적으로 지식의 어떤 특정 분야를 말할 때도 department를 사용합니다. 정부도 커다란 조직체의 하나로 여러 department로 나뉘어져 있습니다. 교육부, 문화관광부, 국방부 등이 각각의 department입니다. 백화점을 말할 때는 department store라고 말해야 합니다.

This department store carries everything.
이 백화점에는 없는 것이 없다

Practice with dialogue

A How long are you going to stay here?
얼마나 여기 머물건가요?

B Three days and I'm going to Santa Babara.
3일 있다다 산타바바라에 가려고요.

A I've been there. It's a beautiful city.
가본 적이 있는데 아름다운 도시에요.

B Yes, I saw the picture of the city.
네 사진으로 보았어요.

영어 상식 한 마디

Gagman

우리는 대중을 웃기는 사람들을 대개 gagman이라고 부르고 있습니다. 하지만 현대 영어에서는 Gagman이라는 표현을 쓰지 않습니다. 전문 희극인은 Comedian이라고 합니다. Comedian은 주로 무대에서 관객을 웃기는 희극 배우를 말하지만 코미디 배우, 코미디 작가, 코미디 사회자 등을 모두 가리키는 단어입니다.

Comedians often form the fool.
개그맨들은 종종 바보 흉내를 낸다.

13 I prefer~

선호하는 것을 물어볼 때

Which one do you ~?
어떤 것을 ~할래요?

Would you rather A or B?
A 하실래요 B 하실래요?

Basic Pattern

37 I prefer ~.
~을 더 선호하다

> 무엇을 좋아하는 지 묻는 표현으로 perfer A to B 하면 B 보다 A가 더 좋다라는 의미입니다.

I prefer to read or listen to music.
난 책을 읽거나 음악 듣는 걸 더 좋아해요.

I prefer a kind mind over good looks.
저는 외모보다 착한 마음씨를 더 좋아합니다.

I prefer the country to the town.
나는 도시보다 시골을 좋아한다.

I prefer dogs rather than cats.
난 고양이보다는 개를 더 좋아한다.

38 Which one do you ~?
어떤 것을 ~할래요?

> which는 둘이나 그 이상의 정해진 대상 중에서 어느 것을 선택할 때 사용하는 표현입니다.

Which one do you prefer?
어느 것이 더 좋으세요?

Which one do you like out of these?
이 중에서 어떤 게 마음에 드세요?

Which one do you recommend for me?
나에게 어느 것을 추천하시겠어요?

Which one do you like best?
어느 것을 가장 좋아합니까?

39 Would you rather A or B?
A 하실래요 B 하실래요?

> 상대방에게 정중하게 어떤 의견에 대한 대안을 제시하며 물어볼 때 사용하는 표현입니다.

Would you rather walk or take the bus?
걸어가고 싶으세요, 아니면 버스를 타시겠어요?

Would you rather be exercising indoors or out?
집안에서 운동하는 게 좋으세요, 아니면 밖이 더 좋으세요?

Would you rather meet today or tomorrow?
오늘 만나는 것이 좋아요, 아니면 내일이 좋아요?

Would you rather go now or later?
지금 갈래 아니면 나중에 갈래?

14

생각이나 의견을 물을 때

Do you think~?

What do you think about~?
~에 대해 어떻게 생각해요?

What do you think of~?
~을 어떻게 생각해요?

Do you think~?
~라고 생각해요?

Basic Pattern

40 What do you think about~?
~에 대해 어떻게 생각해요?

> 어떠한 일이나 사건에 대하여 상대방의 의견을 물을 때 사용하는 표현입니다.

What do you think about the play?
그 연극에 대해서 어떻게 생각해요?

What do you think about the idea?
넌 그 아이디어에 대해 어떻게 생각하니?

What do you think about the conference?
그 회담에 대해 어떻게 생각하시나요?

What do you think about learning the Chinese?
중국어를 배워 보는 건 어떻게 생각해?

41 What do you think of~?
~을 어떻게 생각해요?

> 어떠한 일이나 사건을 직접적으로 물어볼 때 사용하는 표현입니다.

What do you think of your job?
당신의 직업을 어떻게 생각하세요?

What do you think is the secret of your health?
건강의 비결이 뭐라고 생각하십니까?

What do you think is the cause of the disease?
질병의 원인이 무엇이라고 생각하십니까?

What do you think of Korean people?
한국 사람에 대해 어떻게 생각해?

42 Do you think~?
~라고 생각해요?

> 어떠한 일이나 사건에 대하여 상대방의 생각을 물어볼 때 쓰는 표현입니다.

Do you think you can blend water with oil?
당신은 물과 기름이 섞일 수 있다고 생각해요?

Do you think you are fluent in English?
본인이 영어에 유창하다고 생각합니까?

Do you think we'll be able to finish on time?
제시간에 끝낼 수 있을 거라고 생각해요?

Do you think you can win?
이길 수 있을 거라고 생각해?

Practice with dialogue

A Do you like coffee?
커피 좋아하세요?

B Yes, but I prefer tea to coffee.
하지만 커피보다 차를 더 좋아해요.

A I like tea, too.
저도 차를 좋아해요.

B What kind of tea do you like?
어떤 차를 좋아하세요?

영어 상식 한 마디

Stamina

우리는 일반적으로 정력이나 정력이 센 남자를 보고 **stamina**가 많은 사람이라고 말을 합니다. 하지만 영어에서는 **stamina**가 전혀 그런 의미로 쓰이지 않습니다. 만약 그런 의미로 **stamina**를 정력이 좋은 사람이라고 사용한다면 그들은 전혀 알아듣지 못할 겁니다. **stamina**는 그냥 '오랫동안 견딜 수 있는 힘'을 뜻 합니다. 강한 힘, 정력을 지닌 사람은 'stud'라고 표현 합니다.

He must be quite a hunk, stud.
그는 정말 체격도 좋고 정력도 좋아.

Practice with dialogue

A I have a question for you.
질문이 하나 있어요.

B Yes, tell me.
응 말해봐요.

A Do you think we can be friends?
넌 우리가 친구가 될 수 있다고 생각해?

B Why not? I want to be friends with you.
응 나는 너랑 친구가 되고 싶어.

영어 상식 한 마디

Skinship

연인이나 혹은 가까운 사람들이 포옹을 하거나 가벼운 신체 접촉을 하는 것을 보통 스킨쉽을 한다고 말을 합니다. 하지만 영어에서는 skinship이라는 단어는 사용하지 않습니다. skinship은 kinship ⇒ 혈족 관계, 친척 관계라는 단어에서 나온 신조어입니다. 이러한 신체 접촉은 close physical contact 또는 physical intimacy 라는 말을 사용하면 됩니다. '그들은 스킨쉽을 아주 좋아해요.' 라고 말할 때는 'They are physically very close.' 라고 하면 됩니다.

She tends to avoid all physical contact.
그녀는 모든 신체 접촉을 피하는 경향이 있습니다.

15 be going to~
미래의 예정을 표현할 때

I'm going to ~.
나는 ~을 할 거예요.

When are you going to~?
언제 하실겁니까?

How are you going to~?
어떻게 하실겁니까?

Basic Pattern

43 I'm going to ~.
나는 ~을 할 거예요.

> 가까운 장래나 먼 미래에 그렇게 할 건지를 물어볼 때 사용하는 표현입니다.

I'm going to Jeju do this weekend.
이번 주말에 제주도에 갈 거야.

I'm going to go out for a walk.
난 산책하러 나갈게.

I'm not going to put up with their smoking.
난 그들이 담배 피우는 것을 용납하지 않겠어.

I'm going to take a nap.
난 낮잠이나 잘려고 해.

44 When are you going to~?
언제 하실 겁니까?

> 앞으로 하게 될 어떤 일이나 사건을 언제 할 것인지 구체적인 시간을 묻는 표현입니다.

When are you going to retire?
언제 퇴직하실 거예요?

When are you going to get married?
언제 결혼하실 거예요?

When are you going to hold a housewarming?
언제 집들이하실 거예요?

When are you going to start from your office?
사무실에서 언제 출발하실 거예요?

45 How are you going to~?
어떻게 하실 겁니까?

> 이 시간 이후의 일이나 사태를 어떻게 처리할 것인지를 물어보는 표현입니다.

How are you going to get there?
거기에 어떻게 갈 거예요?

How are you going to reach him?
어떻게 그에게 연락하실 겁니까?

How long are you going to stay in Korea?
한국에 얼마 동안 계실 예정입니까?

How are you going to pay, in cash or by credit card?
현금으로 지불하시겠습니까, 아니면 카드로 하실 건가요?

153

확신을 표현할 때

16 Are you sure~?

Are you sure ~?
~가 확실해요?

Are you saying ~?
설마 ~는 아니겠지요?

Is it true (that)~?
~이 사실입니까?

Basic Pattern

46 Are you sure ~?
~가 확실해요?

> 어떤 일에 대한 확신을 물어볼 때 쓰는 표현입니다. 〈Be sure to~.〉는 〈꼭 ~을 해라〉는 뜻입니다.

Are you sure it's accidental?
그게 사고인 게 확실한가요?

Are you sure you will quit?
진짜로 그만두실 겁니까?

Are you sure you locked the gate?
현관문 잠근 것 확실하니?

Are you sure you can do it?
정말 네가 그것을 할 수 있는 게 확실해?

47 Are you saying ~?
설마 ~는 아니겠지요?

> 상대방이 하는 말이나 태도에 대해 진위를 알 수 없다는 듯이 반문을 하는 표현입니다.

Are you saying she lied to me?
그녀가 제게 거짓말을 했다는 건가요?

Are you saying you can't believe me?
내 말을 못 믿겠다는 거야?

Are you saying you want me to get out?
지금 나보고 꺼지라고 하는 거예요?

Are you saying you're not interested?
관심 없다는 말이에요?

48 Is it true (that)~?
~이 사실입니까?

> 상대방의 언행이 사실인지 궁금하여 다시 한 번 확인 하는 듯이 물어보는 표현입니다.

Is it true she's leaving?
그녀가 떠난다는 것이 사실인가요?

Is it true that you're retiring soon?
곧 은퇴한다는 게 사실이에요?

Is it true that you are looking for another job?
다른 직업을 찾고 있다는 것이 사실입니까?

Is it true that you got a girlfriend?
너 여자 친구 생겼다는 게 사실이니?

Practice with dialogue

A Do you have a plan for the weekend?
주말에 무슨 계획있어?

B Yes. I'm going to visit my grandmom.
응 할머니 댁에 갈려고.

A Where does she live?
어디 사시는데?

B She lives in New York.
뉴욕에 사셔.

영어 상식 한 마디

Lover

보통 'Lover'라고 하면 '애인, 사랑하는 사람'이라고 해석을 합니다. 물론 틀린 해석이라고 할 수는 없지만 잘못 사용하면 망신을 당하기 쉽습니다. 원어민은 'Lover'라고 하면 사랑하는 사람, 혹은 애인이라고 하기보다는 성적 관계를 맺는 사람을 나타내는 단어 즉 sexual partner(성적 관계자)를 말합니다. 만약에 미국인에게 'He is my lover.'라고 하면 뭐라고 할까요? 애인이라고 할 때에는 그냥 쉽게 'boy friend' 나 'girl friend' 라고 표현을 하면 됩니다.

She is my girl friend, but she is not my lover.
그녀는 나의 애인입니다. 하지만 lover는 아닙니다.

Practice with dialogue

A He's going to propose you soon.
그가 곧 너에게 청혼할거야.

B Are you sure about that?
확실해?

A Yes. I saw him buying a diamond ring.
응, 그가 다이아몬드 반지 사는 것을 보았어.

B Ah, I'm so happy.
아 정말 행복해.

영어 상식 한 마디

Housekeeper

'전업주부'를 영어로 말한다면 무엇이라고 하면 될까요? 일반적으로 'housekeeper'라고 하기가 쉽습니다. 하지만 'housekeeper'라고 하면 가정부를 가리키는 말로 가정주부와 가정부는 엄청난 차이입니다. '가정주부, 전업주부는 영어로 'housewife'혹은 'housemaker'라고 말합니다. 또한 남편이 전업주부인 경우에는 'househusband'라고 합니다.

My mother is a full-time housewife.
제 어머니는 전업주부이십니다.

17 Do you mind~ing?

요구나 양해를 구할 때

Do you mind ~ing?
~좀 해 주시겠어요?

Do you mind if~?
~해도 될까요?

If you don't mind, ~.
괜찮으시다면, ~입니다.

Basic Pattern

49 Do you mind ~ing?
~좀 해 주시겠어요?

> 상대방에게 허락을 구하거나 무언가를 요청할 때 사용하는 표현입니다.

Do you mind smoking?
담배를 피워도 괜찮습니까?

Do you mind closing the window?
창문 좀 닫아도 될까요?

Do you mind parking my car here?
여기 주차해도 될까요?

Do you mind waiting for a while?
잠시 기다려 주시겠습니까?

50 Do you mind if~?
~해도 될까요?

> 어떤 일이나 사물에 대한 허락을 구할 때 정중하게 부탁을 하는 표현입니다.

Do you mind if I borrow your phone?
당신의 전화를 좀 빌려도 될까요?

Do you mind if I call you late at night?
밤늦게 전화 드려도 될까요?

Do you mind if I take a look around?
한번 둘러봐도 될까요?

Do you mind if I sit here?
여기 앉아도 될까요?

51 If you don't mind, ~.
괜찮으시다면, ~입니다.

> 상대방에게 어떤 일이나 상황에 대한 허락을 구할 때 먼저 양해를 구하고 요청하는 표현입니다.

If you don't mind, could you do me a favor?
괜찮다면 부탁 좀 들어 주실래요?

If you don't mind, I have to get ready.
괜찮으시다면 전 준비 좀 해야겠네요.

What is your weight, if you don't mind my asking?
물어 봐도 괜찮을지 모르겠는데 체중이 어떻게 되세요?

Are you married, if you don't mind my asking?
이런 질문 드려도 될지 모르겠는데, 결혼은 하셨나요?

18 Who is~?

누구인지 물어볼 때

Who is going to~?
누가 할 거야?

Who wants~?
~을 원하는 사람은?

Who is your ~?
네 ~가 누구야?

Basic Pattern

52 Who is going to~
누가 할 거야?

어떠한 일에 대한 행동을 누가 할 것인지를 물어보는 표현입니다.

Who is going to the airport?
공항에는 누가 나가죠?

Who is going to handle marketing?
마케팅 담당은 누가하죠?

Who are you going to see?
누구를 만나러 가려는 거죠?

Who are you going to tie the bell on the cat?
누가 고양이 목에 방울을 달죠?

53 Who wants~?
~을 원하는 사람은

> 어떤 일이나 상황을 원하는 사람이 누구인지를 묻는 표현입니다.

Who wants to give it a try?
누가 한번 해 보시겠어요?

Who wants to drive first?
누가 먼저 운전할래?

Who wants to play cards?
카드 게임 할 사람?

Who wants to come for a walk?
누구 산책하러 갈 사람?

54 Who is your ~?
네 ~가 누구야?

> 상대방과 어떤 관련이 있는 사람이 누구인지를 물을 때 사용하는 표현입니다.

Who is your favorite movie actor?
가장 좋아하는 영화배우가 누구예요?

Who is your favorite composer?
네가 좋아하는 작곡가는 누구니?

Who is the breadwinner in your family?
가족 중에 생계비를 버는 사람이 누구야?

Who is your best friend?
제일 친한 친구가 누구니?

Practice with dialogue

A It's so hot here.
여긴 정말 덥다.

B The air conditioner is broken.
에어컨이 고장났어.

A Do you mind opening the door?
문 좀 열어도 될까?

B Not at all. Go ahead.
응. 어서 열어

영어 상식 한 마디

Band

손가락을 칼에 베이거나 상처가 났을 경우 우리는 약국에 가서 '밴드 하나 주세요.'라고 말합니다. 하지만 'band'는 록밴드, 재즈밴드할 때의 악단이나 물건을 묶을 때 쓰이는 줄을 말합니다. 만약 미국에서 약국에 가서 밴드를 달라고 하면 무슨 말인지 알아듣지 못하겠지요? 상처를 보호할 때 쓰이는 것은 'band'가 아니라 'bandage'라고 말해야 합니다

A nurse put a bandage over the cut.
간호사가 베인 상처에 밴드를 붙여주었다.

Practice with dialogue

A Who is your role model?
네 롤 모델은 누구야?

B I don't have a role model. Do you?
난 없는데 너는 있어?

A Yes. Michael Jackson is my role model.
마이클 잭슨이 내 롤 모델이야.

B He's my favorite singer.
그는 내가 가장 좋아하는 가수야.

영어 상식 한 마디

Glamour

우리는 보통 풍만한 몸매를 가진 여성을 보고 'She is glamourous. 저 여자는 매우 글래머하다.' 라고 말합니다. 하지만 여기서 글래머란 풍만한 몸매거나 육감적인 섹시함을 가리키는 단어가 아닙니다. glamour란 화려하게 차려입은 의상이나 보석 등이 아름답다는 의미입니다. 또한 부유하고 호화롭게 사는 생활 방식을 말하기도 합니다. luxury (호화로움, 사치)와 비슷한 말입니다. 여성의 몸매를 말하려면 'curvy(굴곡이 많은)' 나 'voluptuous(육감적인, 요염한)' 이란 단어가 제격입니다.

I prefer voluptuous women over the slender type.
나는 날씬한 여자보다 글래머를 좋아한다.

19 Do you know~?

~을 아는지 물어볼 때

Do you know what~?
~가 무언지 아니?

Do you know how~?
~을 어떻게 알아?

Do you know if~?
~인지 아닌지 알아요?

Basic Pattern

55 Do you know what~?
~가 무언지 아니?

> 상대방에게 어떤 사물이나 사건에 대해 알고 있는 지를 직접적으로 묻는 표현입니다.

Do you know what time it is now?
지금 몇 시인지 알아?

Do you know what time he will be back?
그가 몇 시쯤에 돌아오실 건지 아십니까?

Do you know what the unit price is on this bag?
이 가방의 단가가 얼만지 아십니까?

Do you know what you're going to get her?
그녀한테 무엇을 사다줄지 정했어?

56 Do you know how~
~하는 방법을 아세요?

> 어떤 물건의 사용법이나 어떤 결과를 초래한 방법을 간접적으로 물어볼 때 사용하는 표현입니다.

Do you know how worried I was?
얼마나 걱정했는지 알기나 해?

Do you know how to use this new software?
이 새로운 소프트웨어 사용법을 아세요?

Do you know how to operate a cultivator?
경운기 운전할 줄 아세요?

Do you know how to use a computer?
컴퓨터를 어떻게 사용하는지 아니?

57 Do you know if~?
~인지 아닌지 알아요?

> 어떤 일이나 사건이 확실한지 아닌지 불명확할 때 상대에게 물어보는 표현입니다.

Do you know if this bus goes to Jong ro?
이 버스가 종로로 가는 건지 안가는 건지 아세요?

Do you know if she's married?
그녀가 결혼을 했는지 아세요?

Do you know if this train goes to the An yang?
이 기차 안양으로 가는지 아세요?

Do you know if they have a disease?
그들이 질병이 있는지 아세요?

20 Have you been~?

경험을 물어볼 때

Have you ever been to~?
~에 가본 적이 있나요?

Have you tried p.p~?
~을 하려고 해봤니?

I've never p.p ~.
나는 ~을 한 적이 없어요.

Basic Pattern

58 Have you ever been to~?
~에 가본 적이 있나요?

> 예전에 어떤 일이나 사건에 대한 경험이 있는지 물어보는 표현입니다.

Have you ever been to Paris?
파리에 가본 적이 있니?

Have you ever been to a family restaurant?
패밀리 레스토랑에 가본 적 있어?

Have you ever been seriously sick?
지금까지 심각 병을 앓았던 적이 있습니까?

Have you ever been in the hospital?
입원했던 적이 있습니까?

59 Have you tried ~?
~을 하려고 해봤니?

> 어떠한 일이나 사건을 예전에 시도를 해 본 경험이 있는 지를 물어보는 표현입니다.

Have you tried calling your mother?
어머니께 전화해 봤어요?

Have you tried the sushi?
초밥 먹어봤어요?

Have you tried a beauty salon?
미장원에 가 봤어요?

Have you tried that family restaurant?
그 페밀리 레스토랑 가 봤어요

60 I've never p.p ~.
나는 ~을 한 적이 없어요.

> 어떠한 일이나 사건을 예전에는 경험을 한 적이 없음을 말할 때 쓰는 표현입니다.

I've never been in love with him.
그를 사랑 한 적은 없습니다.

I've never been mad at him before.
전에는 그에게 화 난 적이 한 번도 없었습니다.

I've never regretted my decision for a moment.
난 내 결정을 잠시도 후회해 본 적이 없어.

I've never done drugs in my life.
나는 일생동안 마약을 한 적이 없어요.

Practice with dialogue

A What are you doing?
뭐하고 있니?

B I'm packing.
짐 싸고 있어.

A Do you know what are you doing?
너 지금 무슨 짓을 하고 있는지 알아?

B Yes, I know exactly what I'm doing.
응 정확히 알고 있어.

영어 상식 한 마디

Do you have the time?

만약에 지나가던 외국인이 'Do you have the time?' 하고 물어본다면 어떻게 대답을 할까요. '시간이 있냐고? 이 사람이 나한테 작업을 거나?' 하고 착각을 할 수가 있겠죠? 하지만 시간이 있냐고 물어볼 때는 'Do you have time?' 이라고 합니다. 관사 the가 더 붙어서 'Do you have the time?'는 '지금 몇 시입니까?' 하고 물어보는 것입니다. 이렇게 관사가 있고 없음에 따라 뜻이 달라지는 경우가 많습니다.

Excuse me, do you have the time?
실례지만 지금 몇 시인가요?

Practice with dialogue

A Have you been to the top of the mountain?
산 정상에 가본 적 있어?

B Yes. Long ago.
응 오래 전에

A Me too. I haven't gone since childhood.
나도 어렸을 때 이후 못 가봤어.

B We should go together one day.
언제 우리 같이 가자.

— 영어 상식 한 마디 —

Cut the film

술을 많이 마신 후 정신을 깜박 잃은 경우가 있습니다. 이런 경우 우리는 일반적으로 '어제 술을 너무 먹어서 필름이 끊겼어.' 하고 표현을 합니다. 그러면 영어로는 어떻게 표현을 할까요? 'cut the film' 하면 될까요? 술에 취해 잠시 기억을 잃은 상태를 영어로는 'blackout'이라고 합니다. 또한 'passing out'이란 말이 있는데 이것은 과음이나 혹은 정신적 충격으로 완전히 정신을 잃어 기절한 사람을 가리키죠.

I drank enough to have a blackout.
난 필름이 끊길 정도로 많이 마셨어.

It doesn't matter if you're not perfect,
as long as you do your best.

최선을 다했다면 결과는 중요한 것이 아니다.

Part 3

생활패턴 60

1. I have~.

소유를 표현할 때

I have + 명사/대명사
나는 ~을 가지고 있어요.

I have no~
나는 ~이 없습니다.

I have something to~.
~할 것이 있습니다.

Basic Pattern

01 I have + 명사/대명사
나는 ~을 가지고 있어요.

> have는 〈가지다, 하다〉등의 뜻을 나타내는 본동사와, 동사의 과거분사와 결합하여 완료형을 만드는 조동사의 역할을 합니다.

I have an appointment.
저는 약속이 있습니다.

I have a piano in my home.
우리 집에 피아노가 있어요.

I have toys.
나는 장난감이 있어요.

I have business lunch.
업무상 점심 약속이 있어요.

02 I have no~
나는 ~이 없습니다.

> have의 부정형으로〈 ~이 없다〉라는 의미입니다. 〈I have not~.〉과 같은 의미입니다.

I have no money about me.
나는 지금 가진 돈이 없습니다.

I have no job, no girlfriend.
직업도 없고, 여자 친구도 없어요.

I have no choice.
선택의 여지가 없습니다.

I have no plans tonight.
난 오늘밤에 아무 계획도 없어요.

03 I have something to~.
~할 것이 있습니다.

> to 부정사는 something을 수식하는 형용사적 용법으로 자신이 하려는 구체적인 설명을 피할 때 쓰는 표현입니다.

I have something to give you this evening.
오늘 저녁에 당신한테 줄 게 있어요.

I have something important to tell you.
당신에게 중요하게 드릴 말씀이 있어요.

I have a great deal something to say to her.
나는 그녀에게 할 말이 많이 있어요.

I have something to ask you.
당신에게 부탁할 것이 있어요?

2. I can~. 능력, 가능성을 표현할 때

I can~.
나는 ~을 할 수 있어요.

Can I~?
~을 할 수 있을까요?

I can't wait to~.
~하고 싶어 못견디겠어요.

Basic Pattern

04 I can~.
나는 ~을 할 수 있어요.

> can은 〈능력·가능성〉을 나타내는 이 조동사는 may 대신에 〈허가·명령·권유〉 등을 나타내는 말로도 널리 사용됩니다.

I can do whatever she wants.
그녀가 원하면 무엇이던지 해 줄 수 있어요.

I can go to Busan by KTX.
부산까지 KTX로 갈 수 있습니다.

I can not bear to be without you.
당신 없이는 나는 견딜 수 없어요.

I can't participate in the next meeting.
다음 번 미팅에는 참석할 수 없습니다.

05 Can I~?
~을 할 수 있을까요

> I can~. 의 의문형으로 노력을 묻기보다는 〈내가 ~을 해도 되나요?〉하는 의미로 허락을 구할때 많이 사용합니다.

Can I ask you something?
무엇 하나 물어봐도 될까요?

Can I have a glass of orange juice?
오렌지 주스 한잔을 주시겠어요?

Can I use your cell phone?
당신 휴대전화를 써도 되나요?

Can I get you anything?
뭐 좀 가져다 줄까요?

06 I can't wait to~.
~하고 싶어 못 견디겠어요.

> 뭔가를 하고 싶어서 안달이 났을 때 쓰는 표현으로 문장은 부정의 형태이나 강한 긍정을 나타냅니다.

I can't wait to show you the new house.
당신한테 새 집을 빨리 보여주고 싶어요.

I can't wait to see the baby.
아기가 보고 싶어 참을 수가 없어요.

I can't wait to buy my new car.
새 차를 사고 싶어 죽겠어요.

I can't wait to go to middle school!
나는 중학교에 빨리 가고 싶어!

Practice with dialogue

A I'm sorry. We don't accept credit card.
죄송합니다 신용카드는 안 받습니다.

B Do you have ATM inside?
현금 지급기가 안에 있나요?

A No, but there's a bank across the street.
아니요 길 건너에 은행이 있어요.

B I'll be right back.
금방 돌아올께요.

영어 상식 한 마디

Handphone → cell phone, mobile phone

일반적으로 손에 들고 다니면서 언제 어디서나 항상 통화할 수 있는 휴대용 전화기를 말합니다. 하지만 영어에서는 handphone이란 단어가 없습니다. 지금은 대부분 '핸드폰'이 콩그리쉬라는 것을 알고 있지만 그래도 실수를 할 수 있습니다. 영어로는 cell phone 또는 mobile phone라고 하는 것은 웬만한 사람이면 모두 알고 있을 겁니다.

Don't use a cell phone in the library.
도서관에서 휴대폰을 사용하지 마세요

Practice with dialogue

A Where are you going?
어디 가세요?

B I'm going home.
집에 가요.

A Let me take you to your home.
집까지 태워 줄께요.

B I can go by myself.
저 혼자 갈 수 있어요.

영어 상식 한 마디

Morning call → wake-up call

우리나라에서는 아침에 전화를 걸어 깨워달라고 할 때 보통 호텔 프런트에 '7시에 모닝콜 해주세요.' 하고 부탁을 하는 것이 관례처럼 되어 있어 전혀 어색함이 없습니다. 하지만 외국 호텔에서 모닝콜을 원한다면 그렇게 얘기해서는 아침에 일어날 수가 없습니다. 알아듣지를 못해서 어리둥절 할겁니다. 모닝콜을 원한다면 '**wake-up call**' 이라고 부탁을 해야 제 시간에 맞추어 일어날 수가 있습니다.

I asked for a wake-up call at 6.30 a.m.
나는 오전 6시 30분에 모닝콜을 부탁했다.

3. 고맙다는 표현을 할 때
Thank for~.

Thank you for~.
~에 감사합니다.

I appreciate~.
~에 감사합니다.

Thank you, but~.
감사합니다만 ~입니다

Basic Pattern

07 Thank you for~.
~에 감사합니다.

> 어떤 일에 대한 고마움을 표시할 때 쓰는 표현. 〈Thanks for~.〉보다 조금 사무적인 표현입니다.

Thank you for taking the time.
시간 내주셔서 감사합니다.

Thank you for the invitation.
초대해 주어서 감사합니다.

Thank you for telling me the truth.
사실을 말해 주어서 고마워요.

Thank you for trying to understand me.
저를 이해하려고 해주셔서 감사합니다.

08 I appreciate~.
~에 감사합니다.

자신을 위해 한 일에 대한 상대방에게 감사를 표현하는 구문으로 조금은 격식있는 표현입니다.

I appreciate you seeing me.
만나주셔서 감사해요.

I appreciate you coming over so quickly.
이렇게 빨리 와 주셔서 감사해요

I appreciate your kindness.
당신의 친절에 대해 고맙게 생각합니다.

I appreciate your taking time with me.
저와 함께 시간을 보내 주셔서 감사합니다.

09 Thank you, but~.
감사합니다만 ~입니다

상대방이 요구하는 일에 대하여 정중하게 거절할 때 쓰는 표현입니다.

Thank you, but I'd rather not.
고맙지만 사양하겠습니다.

Thank you so much, but please cancel the call.
고맙습니다만, 취소해 주십시오.

Thank you for the invitation, but I can't make it.
초대는 고마운데 갈 수가 없군요.

Thank you, but I'm okay.
고맙지만 저는 괜찮습니다.

4 당위성을 말할 때
You have to~.

You have to~.
너는 ~을 해야 해

You've got to~.
너는 ~을 해야 합니다.

You must~.
너는 ~을 해야 해.

Basic Pattern

10 You have to~.
너는 ~을 해야 해

> 어떤 일을 반드시 해야 한다는 의사를 전달할 때 사용할 수 있는 표현입니다. should와 비슷하지만 조금 더 강한 의미가 있습니다.

You have to use all your resources.
너는 네 모든 능력을 발휘해야 한다.

You have to get rid of your distractions.
산만한 것을 하는 걸 없애야 해.

You have to finish this work by evening.
이 일을 저녁때까지 끝내야 한다.

You have to leave early in the morning.
당신은 아침 일찍 떠나야 합니다.

11 You've got to~.
너는 ~을 해야 합니다.

> 상대방에게 현 시점에서 해야 할 일을 알려줄 때 사용하는 표현입니다.

You've got to keep your words.
너는 약속을 지켜야 해.

You've got to keep in mind.
너는 명심해야 해.

You've got to come home on time.
너는 시간에 맞춰 집에 와야 해.

You've got to keep your family safe.
너의 가족의 안전을 지켜야 해.

12 You must~.
너는 ~을 해야 해.

> ⟨have to⟩보다 좀 더 강한 의사를 전달할 때 사용하는 표현입니다.

You must obey traffic regulations.
교통 법규는 꼭 지켜야 한다.

You must reap what you have sown.
자기가 뿌린 씨는 자기가 거두어야 한다.

You must have a balanced diet.
균형 잡힌 식사를 해야 한다.

You must not peep or eavesdrop.
엿보거나 엿들어서는 안 된다

Practice with dialogue

A Happy birthday!
생일 축하해!

B Thank you for coming.
와줘서 고마워.

A This is a birthday gift for you.
네 생일 선물이야.

B It,s so cute. Thank you.
정말 귀엽네 고마워.

영어 상식 한 마디

Y-shirt → dress shirt

우리나라에서는 '와이셔츠' 하면 정장을 할 때 넥타이를 맬 수 있는 셔츠를 말하는 것입니다. 모양이 Y자를 닮아서 그런 이름이 붙었을까요. 미국인에게 Y-shirt라고 말한다면 무슨 셔츠 인가 하고 갸우뚱할 겁니다. 미국인들은 모두 dress shirt라고 해야 알아들을 수 있습니다.

He wore a black suit and a white dress shirt.
그는 검정색 양복에 흰색 와이셔츠를 입었다

Practice with dialogue

A What time does your flight depart?
비행기 몇 시 출발이야?

B 10:30 in the morning.
아침 10시 30분.

A You have to be at the airport by 9:30 AM.
오전 9시 30분 까지는 공항에 가야해.

B Yes. I'll leave the house at 9:00
응 9시에 집에서 출발하려고.

영어 상식 한 마디

Back number → uniform number

'맨체스터 유나이트의 축구선수 박지성의 백넘버는 7번입니다.' 등 뒤에 붙여진 번호이니까 당연히 백넘버라고 해야 되겠죠. 하지만 **back number**은 우리나 하는 콩그리쉬에 불과합니다. 원어민들은 이렇게 말하면 절대 알아듣지를 못합니다. 그러면 그들은 어떻게 말할까요? 앞으로는 그냥 'number' 혹은 'uniform number' 라고 말하세요.

What is the player's uniform number?
그 선수 백넘버가 어떻게 됩니까?

5 바라는 것이 있을 때
I hope to~.

I hope to~.
나는 ~을 희망한다.

I wish to~.
~을 하고 싶어요.

I feel like ~ing.
나는 ~하고 싶은 마음이다.

Basic Pattern

13 I hope to~.
나는 ~을 희망한다.

> 앞으로 자신이 하고 싶은 일이나 바람을 표현할 때 쓰는 표현입니다.

I hope to visit China someday.
나는 언젠가는 중국을 방문하고 싶어.

I hope to see him during the next few days.
나는 며칠 내에 그를 만나고 싶다.

I hope to learn how to play golf.
골프 치는 법을 배우고 싶어요.

I hope to be a teacher.
나는 선생님이 되고 싶어요.

14 I wish to~.
~을 하고 싶어요.

> 현재 이루어지지 않고 있는 어떤 일이 이루어졌으면 하는 바람을 표현할 때 사용하는 패턴입니다.

I wish to ask a favor of you.
부탁드릴 것이 하나 있습니다.

I wish to mail this package to the States.
이 짐을 미국으로 보내고 싶습니다.

I wish I could take a backpack trip to Europe.
유럽으로 배낭여행갈 수 있으면 좋겠네요.

I wish to master English.
나는 영어를 정복하고 싶습니다.

15 I feel like ~ing.
나는 ~하고 싶은 마음이다.

> 자신이 앞으로 하고 싶은 느낌이 들때 자신의 느낌을 말할 때 사용하는 표현입니다.

I feel like going out for a walk.
산책하고 싶은 생각이 들어요.

I feel like forgetting all about this project.
이 프로젝트에서 손 떼고 싶은 생각이 들어요.

I feel like getting totally wasted tonight.
오늘밤에는 완전히 취하고 싶어.

I feel like having some ice cream.
아이스크림이 먹고 싶어요.

6 I'm glad~.

기쁨을 표현할 때

I'm glad ~.
~을 해서 기뻐요.

I'm so happy (that) ~.
나는 정말 행복해요.

It's nice to ~.
~해서 기쁘다.

Basic Pattern

16 I'm glad ~.
~을 해서 기뻐요.

> 〈~을 해서 기쁘다.〉라는 자신의 감정을 나타낼 때 자주 사용하는 구문입니다.

I'm glad to meet you.
만나서 반가워요.

I'm glad you came to visit.
와줘서 고마워.

I'm glad you're better.
네가 좋아졌다니 다행이다

I'm glad to have your help.
도와줘서 고마워요.

17 I'm so happy (that) ~.
나는 정말 행복해요.

어떠한 일이나 상황에 대하여 기쁨을 표현하는 구문으로 〈I'm so glad~.〉와 같은 의미입니다.

I'm so happy that you're safe!
당신이 안전하다니 정말 기뻐요.

I'm so happy to wait for you here.
난 여기서 너를 기다리는 것이 더없이 행복해.

I'm so happy you came back.
돌아와서 정말 기뻐.

I'm so happy to meet you.
만나서 정말 반가워요.

18 It's nice to ~.
~해서 기쁘다.

어떤 일이나 상황을 맞이하여 기쁠 때 쓰는 표현입니다.

It's nice to be here.
여기에 오니 너무 좋습니다.

It's so nice to finally meet you.
드디어 만나게 되어서 반가워요.

It's nice to tell you a good story.
좋은 이야기를 들려주게 되어 기쁘다

It's nice to meet an honest person.
정직한 사람을 만나게 되어 기쁩니다.

Practice with dialogue

A I've heard that France food is very good.
프랑스 요리가 맛있다고 들었어.

B I've heard that, too.
나도 들었어.

A I hope to one day dine in France.
언젠가 프랑스에서 저녁을 먹고 싶어.

B Me too.
나도 그래.

영어 상식 한 마디

One shot → bottoms -up

친구들과 술자리에서 술잔을 손에 들고 '원샷!' 하고 외치고는 한 번에 술잔을 비우는 것을 자주 볼 것입니다. 하지만 원어민과 소주를 마시며 그렇게 말한다면 '이걸 한 방에 날려 보내?' 하고 생각할 수 있습니다. 물론 눈치로 따라할 수도 있지만, 그들은 한 번에 술잔을 비우는 것을 'bottoms- up'이라고 말하거든요.

She drank it bottoms up.
그녀는 원샷 했다.

Practice with dialogue

A I had a wonderful time with you.
당신과 멋진 시간을 보냈어요.

B Me too. You've been so kind to me.
저도요 당신은 정말 친절하시군요

A I'm really glad that you came to see me.
절 보러 와주셔서 정말 기뻐요.

B It was nice to see you again.
다시 뵙게 되어서 정말 반가왔어요.

영어 상식 한 마디

Concent → outlet

'콘센트' 하면 전기의 배선을 접속하는 데 쓰이는 플러그를 끼우도록 되어 있는 기구를 말합니다. 하지만 'Concent'는 일본식 조어로서 'concentric plug',의 줄임말로 원어민들은 '콘센트'가 어디에 있습니까?' 하고 물어 본다면 'What?' 하고 되물어 볼 것입니다. 그들은 'concent'라고 하지를 않으니까요. 영어로 말할 때는 'outlet'이라고 말해 보세요. 금방 알아 들을테니까요.

I connected the TV to an outlet.
나는 텔레비젼의 플러그를 콘센트에 꽂았다.

7 좋아한다는 말을 할 때
I like~.

Which do you like ~?
어느 것을 좋아합니까?

I'm into ~.
나는 ~에 빠져 있어요.

I like the way ~.
나는 ~가 마음에 든다.

Basic Pattern

19 Which do you like ~?
어느 것을 좋아합니까?

> 두 개 중에 하나, 혹은 여럿이 있는 가운데 좋아하는 것을 하나 선택할 때 사용하는 표현입니다.

Which do you like better, tea or coffee?
차와 커피 중에 어느 것을 좋아합니까?

Which sport do you like better, soccer or basketball?
축구와 농구 중에서 어느 운동을 더 좋아하니?

Which one do you like best?
어느 게 가장 마음에 드니?

Which pet do you like most?
네가 가장 좋아하는 애완 동물은 어떤 동물이니?

20 I'm into ~.

나는 ~에 빠져 있어요.

〈나는 ~안에 있다.〉라는 뜻으로 어떤 일이나 취미에 빠져있을 때 사용할 수 있는 구문입니다.

I'm really getting into samba these days.
난 요즘에 정말 삼바에 빠져 있습니다.

I hate that I'm so into you.
당신한테 푹 빠진 내 모습이 싫어요.

I'm really into hiking in the mountains.
나는 정말 등산에 푹 빠져 있어요.

I'm really into the Winter Olympics.
동계 올림픽에 푹 빠졌어요.

21 I like the way ~.

나는 ~가 마음에 든다.

상대방의 말이나 행동, 어떤 일이나 상황의 방식이 자신의 마음에 든다고 할 때 쓰는 표현입니다.

I don't like the way she talks.
나는 그녀의 말투가 마음에 안 든다 .

I like you the way you were.
당신의 예전 모습 그대로가 좋아요.

I didn't like the way she had done her dress.
나는 그녀의 옷맵시가 마음에 들지 않았다.

I like the way you've styled your hair.
당신 헤어스타일이 마음에 드네요.

경고를 할 때

8 I warned~.

I warned~.
내가 ~라고 경고했어.

Don't be so ~.
그렇게 ~하지 마.

I told you to ~.
내가 ~하라고 했잖아요.

Basic Pattern

22 I warned~.
내가 ~라고 경고했어.

> 상대방에게 어떤 일을 하지 말라고 경고를 할 때 사용하는 표현입니다.

I warned him against driving on ice.
나는 그에게 빙판길에서 운전하지 말라고 경고했다.

I warned him against bad friends.
그에게 나쁜 친구들을 가까이 하지 말라고 경고했다.

I warned you not to phone her.
그녀에게 전화하지 말라고 경고했어.

He has warned me off smoking.
그는 나에게 담배를 끊으라고 경고했다.

23 Don't be so ~
그렇게 ~하지 마.

문자 그대로 그런 생각이나 행동 같은 것은 하지 말라는 질책의 의미를 갖고 있는 표현입니다.

Don't be so hard on yourself.
너무 자책하지는 마.

Don't be so severe with the children.
아이들에게 그렇게 엄하게 굴지 마라.

Don't be so damn silly!
그렇게 멍청한 짓 좀 하지 마!

Don't be so modest.
너무 겸손하게 굴지 마.

24 I told you to ~.
내가 ~하라고 했잖아요.

상대방에게 무엇을 하라고 미리 이야기 했거나 주의 내지는 경고했음을 말할 때 쓰는 표현입니다.

I told you not to take pictures!
내가 사진 찍지 말라고 했잖아!

I told you not to drink and drive.
술 마시고는 운전하지 말라고 이야기했잖아.

I told you to store the data often.
데이터를 자주 저장해 두라고 했잖아요.

I told you everything there to know.
알아야 할 건 모든 것을 말했잖아요.

Practice with dialogue

A **Do you like chocolates?**
쵸콜릿 좋아하세요?

B **Yes, I like it.**
예 좋아해요.

A **I have plenty of chocolates.**
저한테 쵸콜릿이 많아요.

B **Can I have some?**
제가 좀 가질수 있나요?

———————— 영어 상식 한 마디 ————————

Eye shopping → window shopping

우리는 일반적으로 살 생각이 없이 눈으로 구경만 하는 쇼핑을 'eye shopping' 이라고 합니다. 하지만 원어민에게는 자칫 실수하는 영어가 될 수 있습니다. '눈알을 사는 것' 이라고 받아들을 지도 모르니까요. 물건을 살 생각 없이 구경만 할 때에는 'window shopping' 이라고 하세요. 또한 살 생각은 없었는데 잘 못 샀을 때는 'failed shopping' 이라고 하는 것도 알아두세요.

I'm just doing some window shopping.
물건을 그냥 구경하는 중입니다.

Practice with dialogue

A **Auch!**
에취

B **Do you have a cold?**
감기 걸렸어?

A **I think so. I have a fever, too.**
그런 것 같아 열도 있어.

B **I told you to wear warm clothing.**
옷 따뜻하게 입으라고 했잖아.

영어 상식 한 마디

Skin scuba → Scuba diving

'Scuba'는 'Self-Contained Underwater Breathing Apparatus' 의 머리글자를 따서 만든 단어입니다. 우리나라에서는 'Skin scuba' 라고 말하지만 원어민들은 'Skin scuba' 라고 말하면 알아듣지를 못합니다. 그들은 'Scuba diving' 이라고 하여야 알 수가 있을 겁니다. 어떻게 'skin scuba' 가 되었는지 알 수는 없지만 이런 콩그리쉬는 하루 빨리 정리해야 할 것입니다.

They are scuba-diving at the sea.
그들은 바다에서 스쿠버 다이빙을 하고 있다.

9 자신의 의견이 아닐 때
I don't think~.

I don't think ~.
~라고 생각하지 않는다.

It's unlikely~.
~할 가능성은 희박하다.

There is no doubt~
~을 의심하지 않는다.

Basic Pattern

25 I don't think ~.
~라고 생각하지 않는다.

> 〈I think~.〉의 부정형으로 자신의 의견을 나타낼 때 쓰는 매우 일반적인 표현입니다.

I don't think that we're meant for each other.
서로 어울린다고 생각하지 않아요.

I don't think that's such a good idea.
별로 좋지 않은 생각입니다.

I don't think so. I only have five minutes.
안되겠네요. 겨우 5분밖에 안 남았네요.

I don't think that's what he was saying.
내 생각에는 그가 그런 뜻으로 말한 게 아냐.

26 It's unlikely~.
~할 가능성은 희박하다.

> 〈~을 할 것 같지는 않다.〉는 의미로 unlikely 자체가 부정형으로 뒤에 오는 절을 부정하는 뜻으로 사용됩니다.

It's unlikely that Dr. Kim will attend.
김박사님이 참석할 가능성은 희박합니다.

It's unlikely that this rumour is true.
이 소문은 사실이 아닐 수도 있습니다.

It's unlikely that the restaurant will be closed.
그 식당이 문을 닫을 것 같지는 않아요.

It's unlikely that they I'll arrive before seven.
그들이 7시 전에 도착하는 일은 거의 있을 것 같지 않다.

27 There is no doubt~.
~을 의심하지 않는다.

> 어떤 일이나 사건을 의심하지 않는다라는 의미로 뒤에 오는 절은 확실하다는 생각을 표현하는 구문입니다.

There is no doubt that he is a honest boy.
그가 정직한 소년임은 의심의 여지가 없다.

There is no doubt that something has happened.
무슨 일이 있었던 것이 분명하다

There is no doubt that he is not guilty.
그가 무죄라는 것은 의심의 여지가 없다

There is no doubt that he is an earnest believer.
그가 성실한 신자임은 의심의 여지가 없다.

10. It sounds like~.

자신의 느낌을 말할 때

It sounds like~.
~인 것 같아요.

I have a feeling that~.
~할 것 같은 느낌이 든다.

I'm supposed to~.
~해야 할 것 같아요.

Basic Pattern

28 It sounds like~.
~인 것 같아요.

> 들어보니까 어떤 것 같다고 자신의 생각을 말할 때 사용할 수 있는 표현입니다.

It sounds like a perfect idea.
그건 정말 완벽한 아이디어야.

I think it sounds like what I'm looking for.
그게 제가 찾고 있는 것 같네요.

It sounded like the crash of thunder.
천둥치는 소리 같군요.

It sounds like it's coming from the machine.
기계에서 나는 소리 같군요.

29 I have a feeling that~.
~할 것 같은 느낌이 든다.

> 자신의 생각을 상대방에게 피력을 할 때 확실치 않은 느낌이 들었을 때 그 느낌을 말할 때 사용하는 표현입니다.

I have a feeling that you are a psychotic.
나는 당신이 정신병자 같은 생각이 들어요.

I have a feeling that I'll be waiting a long time.
아주 오랜 시간을 기다린 것 같아요.

I had a feeling that she would show up.
어쩐지 그녀가 올 것 같은 예감이 들었다.

I have a feeling that she is lying.
나는 그녀가 거짓말을 하고 있다는 느낌이 들어요.

30 I'm supposed to~.
~해야 할 것 같아요.

> 자신의 느낌을 상대방에 말할 때 가상을 하여 전달할 때 사용하는 표현입니다.

How am I supposed to know she's a divorcee?
그 여자가 이혼했는지 내가 어떻게 알겠어요?

How am I supposed to sleep if you're looking at me.
그렇게 쳐다보고 있으면 어떻게 자겠어요.

I'm just supposed to trust you.
난 단지 당신을 믿어야 할 것 같아요.

I'm supposed to take care of them
내가 그들을 돌봐줘야 할 것 같아요.

Practice with dialogue

A I don't think you can win the lottery.
나는 당신이 복권에 당첨되지 않을 것 같아.

B Me neither.
나도 그렇게 생각해.

A Then why are you buying it?
그런데 왜 사는 거죠?

B At least, I can have a hope.
최소한 희망은 가질 수 있잖아.

영어 상식 한 마디

Service → free, complimentary

우리는 식당이나 술집에서 가끔 서비스로 반찬이나 안주를 주다고 하면 고맙게 받아드립니다. 이때의 서비스는 공짜로 주는 것을 말합니다. 하지만 외국인과 대화를 할 때나 식사를 할 때 서비스를 공짜의 뜻으로 사용을 했다가는 대화가 이루어지지 않을 겁니다. 이럴 때는 'free(무료, 공짜)' 나 'complimentary(무료의)' 라는 단어를 사용하십시오.

The owner gave him a complimentary glass of beer.
주인은 그에게 맥주 한 잔을 공짜로 주었습니다.

Practice with dialogue

A Why can't stop being jealousy?
질투 그만하는게 어때?

B I'm not being jealousy.
난 질투하는게 아냐.

A That's exactly what it sounds like.
질투하고 있다는 말로 들리는데.

B No. It's not.
아냐 그렇지 않아.

영어 상식 한 마디

Meeting → group blind date

우리는 보통 낯선 남녀 간의 모임이나, 혹은 대학에서 그룹 간에 서로 만나 짝을 지을 때 'meeting'을 간다고 자주 말합니다. 하지만 미국인들은 'meeting'이란 단어는 사업상의 모임이나 사업상의 회의 같은 모임에서만 한정적으로 사용하는 단어입니다. 낯선 남녀 간의 모임은 일반적으로 'group blind date' 라고 말하며, 우리가 얘기하는 소개팅은 그냥 'blind meeting' 이라고 말합니다.

I met a nice guy at the blind date last week.
지난 주 미팅에서 멋진 남자를 만났어요.

He set me up on a blind date.
그가 나에게 소개팅을 시켜 줬다.

11 I'm sorry for~.

미안하다는 말을 할 때

I'm sorry for~.
~에 대해 미안하다.

I apologize for~.
~에 대해 사과드립니다.

I'm sorry if I ~.
제가 만약 ~했다면 미안해요.

Basic Pattern

31 I'm sorry for~.
~에 대해 미안하다.

> 누군가에게 미안함을 나타낼 때 쓰는 표현으로 for 다음에는 명사, 동명사 명사절이 옵니다.

I'm sorry for not returning your calls.
전화 못 해서 미안해요.

I'm very sorry for the disturbance.
소란 피워 너무 미안합니다.

I'm sorry for my visiting you so late at night.
너무 늦은 밤에 방문하게 되어 죄송합니다.

I'm sorry for my irresponsibility.
저의 무책임에 대해 죄송합니다.

32 I apologize for~.
~에 대해 사과드립니다.

> apologize가 〈사과하다, 사죄하다, 해명하다〉의 뜻으로 sorry보다는 좀 더 점잖은 자리에서 말하는 표현입니다.

I apologize for ringing at such a late hour.
밤늦게 전화해서 죄송합니다.

I apologize for having dropped in on you like this.
이렇게 갑자기 찾아와서 죄송해요

I apologize for not meeting you earlier.
좀 더 일찍 뵙지 못해서 죄송합니다.

I apologize to you for having not written to you for so long.
오랫동안 편지 못 드려 죄송합니다

33 I'm sorry if I ~.
제가 만약 ~했다면 미안해요.

> 이미 한 일에 대하여 상대방에게 미안한 감정을 가지고 사과를 할 때 사용하는 표현입니다.

I'm sorry if I am not always respectful.
제가 항상 공손하지 못했다면 죄송합니다.

I'm sorry if I shocked you.
당신에게 충격을 드렸다면 죄송합니다.

I'm sorry if I disturbed your delusions.
당신의 환상에 방해가 되었다면 죄송합니다.

I'm sorry if I am not so serious.
제가 신중하지 못했다면 죄송합니다.

12 유감의 뜻을 전할 때
It too bad that~.

It's too bad that~.
~하다니 유감입니다.

I feel sorry about~.
~대해서는 유감입니다.

It's a shame to~.
~하다니 아깝군요.

Basic Pattern

34 It's too bad that~.
~하다니 유감입니다.

> 자신이 안 좋은 소식을 들었을 때 상대에게 섭섭한 감정을 표현할 때 사용하는 구문입니다.

It is too bad that she had to leave so soon.
그녀가 그렇게 일찍 떠나다니 유감입니다.

It's too bad that he was not able to attend the party.
그가 파티에 나올 수 없었던 것이 몹시 섭섭하다.

It's too bad that you are so bitter.
당신이 그렇게 억울해 하다니 섭섭하군요.

It's too bad that you are so sick.
당신이 그렇게 아프시다니 유감이군요.

35 I feel sorry about~.
~대해서는 유감입니다.

> 누군가가 가엾거나 안타깝게 느껴질 때 그런 감정을 나타내는 표현입니다.

I feel sorry about what happened recently.
이번 사건에 대해서 참으로 애석하게 생각합니다.

I feel sorry about the whole incident.
모든 일에 대해 죄송합니다.

I feel sorry about the interruption and the delay.
중단과 지연에 대해 사과 말씀 드립니다.

I feel sorry about your grandfather's death.
조부님께서 돌아 가셨다니 유감입니다.

36 It's a shame to~.
~하다니 아깝군요.

> 상대에게 좋지 않은 얘기를 들었을 때 유감스러운 감정을 나타낼 때 사용하는 표현입니다.

It's a shame we just missed the train.
기차를 놓쳐서 유감이군요.

It's a shame wasting so much time.
많은 시간을 낭비하다니 부끄럽습니다.

It's a shame to hear that she isn't safe.
그녀가 안전하지 않다고 하니 유감입니다.

It's a shame to be made redundant from your job.
직장에서 정리 해고당하다니 정말 유감입니다.

Practice with dialogue

A I'm sorry for being late.
늦어서 미안해.

B That's OK. Why are you late?
괜찮아 근데 왜 늦은거야?

A I just left home late.
집에서 늦게 나왔어.

B Don't be lazy.
게으름피지 마.

영어 상식 한 마디

Handle → Steering wheel

우리는 보통 'handle' 이라고 하면 자동차의 운전대를 말하는 것으로 알아듣습니다. 물론 아주 틀린 말은 아니겠지만 'handle' 은 손으로 잡거나 잡을 수 있는 손잡이를 말합니다. 여기서 말하는 운전대는 'steering wheel' 이라고 말해야 올바른 영어 표현이 됩니다.

She held onto the steering wheel with both hands.
그녀는 자동차 핸들을 두 손으로 꽉 잡았다.

Practice with dialogue

A **I can't go to movie tonight.**
오늘 밤 영화보러 못가.

B **What's up?**
무슨 일있어?

A **I'm sick.**
아파서

B **It's too bad that you got sick.**
아프다니 참 유감이다.

―――― 영어 상식 한 마디 ――――

Overeat → throw up

'overeat' 란 무슨 뜻일까요? 우리는 대개 술을 과음한 후에 토하는 것을 보고 'overeat한다.' 라고 말하곤 합니다. 하지만 'overeat' 는 '과식하다' 라는 의미이며 토한다는 뜻과는 거리가 멉니다. 먹은 것을 토한다고 할 때에는 '**throw up**' 이라고 사용해야 합니다.

I drank too much and threw up again.
술을 너무 많이 먹어서 또 오바이트 했어요.

13 I'm interested in~.

관심이 있거나 없을 때

Are you interested in ~?
~에 관심이 있나요?

I don't care ~.
~에는 신경을 안 써요.

I'm not interested in~.
~에 관심이 없어요.

Basic Pattern

37 Are you interested in ~?
~에 관심이 있나요?

> 어떤 일이나 사물에 대해 관심이나 흥미를 가졌을 때 사용하는 구문입니다. in 다음에는 명사나 동명사가 옵니다.

Are you interested in shopping?
쇼핑에 관심이 있나요?

What kind of cars are you interested in?
어떤 종류의 차에 흥미가 있습니까?

Are you interested in her friends?
그녀의 친구에 관심이 있습니까?

Are you interested in Korean folk dances?
한국 민속 무용에 관심 있으세요?

38 I don't care ~.

~에는 신경을 안 써요.

> care는 〈관심을 가지다〉라는 뜻으로, 여기에 not과 함께 쓰여 〈관심이 없다, 상관없다〉라는 구문이 됩니다.

I don't care about your personal life.
네 사생활엔 나 관심 없어.

I don't care about the scandal about us.
우리에 관한 스캔들에는 관심이 없어요.

I don't care about that matter in the least.
나는 그 일은 조금도 신경 쓰지 않는다.

I don't care what the test results are.
난 그 시험결과가 무엇이든 상관이 없어요.

39 I'm not interested in~.

~에 관심이 없어요.

> 〈I'm interested in~.〉의 부정형으로 관심이 없다라는 의미입니다.

I'm not interested in modern art.
나는 현대 미술에는 관심이 없어요.

I'm not interested in things like marriage.
나는 결혼 따위에는 관심이 없다

I'm no longer interested in her.
난 더 이상 그녀에게 관심이 없어요.

I'm not interested in politics.
난 정치에 관해서는 관심이 없어요.

14 I don't know about~.

모른다는 표현을 할 때

I don't know about~.
~에 대해 모릅니다.

I have no idea~.
~에 대해 모릅니다.

I don't know if ~.
~인지 아닌지 모르겠어요.

Basic Pattern

40 I don't know about~.
~에 대해 모릅니다.

> 문자 그대로 어떤 일이나 사물에 대하여 자신은 모른다는 표현입니다.

I don't know anything about computers.
컴퓨터에 대해서는 아무 것도 몰라요.

I don't know what you're talking about.
도대체 무슨 소리 하고 있는지 모르겠구나.

I don't really know anything about popular music.
난 대중음악에 대해서 아무 것도 몰라.

I don't know about what you just said.
당신이 방금 말한 것이 무엇인지 잘 모르겠네요.

41 I have no idea~.
~에 대해 모릅니다.

> 〈I don't know~.〉와 같은 의미로 idea 다음에는 명사절이 오며 시제일치를 위하여 명사절의 시제도 같아야 합니다.

I have no idea what I should do.
어떻게 해야 좋을지 모르겠다.

I have no idea how they go about it.
그것을 어떻게 해야 할 지 생각이 안나요.

I had no idea why she cried out at me.
그녀가 나에게 왜 갑자기 소리를 치는지 알 수가 없다.

I had no idea that she would attend the meeting.
나는 그녀가 모임에 참석하리라고는 생각지도 못했다.

42 I don't know if ~.
~인지 아닌지 모르겠어요.

> 어떤 일이나 상황의 여부가 확실치 않을 때 인지 아닌지 잘 모르겠다고 말할 때 사용하는 표현입니다.

I don't know if that's true or not.
나는 그것이 사실인지 아닌지 모르겠어요.

I don't know what I'd do if I lost my job.
내가 직장을 잃으면 뭘 할지 모르겠어.

I don't know if I should laugh or cry.
나는 웃어야 할지 울어야 할지 모르겠어.

I still don't know if it's a good idea.
난 아직도 그게 좋은 아이디어인지를 모르겠어.

Practice with dialogue

A I'm not interested in art.
난 미술에 관심이 없어.

B You don't want to go to art museum?
미술관에 가고 싶지 않아?

A Not really?
별로

B It's France. People come here just to go art museum.
여기는 프랑스야 사람들은 미술관에 가려고도 여기에 오는데

영어 상식 한 마디

Double bag → duffel bag

우리는 일반적으로 군인들이 사용하는 둥글게 만든 가방, 즉 군용 백을 '따블백'이라고 말합니다. '따블백'은 '더플백(duffel bag)'이 정확한 발음입니다. '더플백'은 두꺼운 직물로 만 든 가방을 말하며 더플은 두꺼운 직물을 생산하는 벨기에 도시 이름에서 연유한 것입니다.

Soldiers use duffel bags to carry their clothes and belongings.
군인들은 옷과 소지품을 군용 잡낭에 넣어 가지고 다닌다.

Practice with dialogue

A Did you hear the murder case yesterday?
어제 살인 사건에 대해 들었어?

B Yes, but I don't know anything about it.
네 하지만 그것에 대해 아는 것은 없어.

A What did you do yesterday?
어제 뭘 했어?

B I stayed at home.
집에 있었어.

영어 상식 한 마디

Auto-bi → motorcycle, motor scooter

auto-bi는 auto-bike가 맞으며 auto-bike는 자전거에 전동기(motor)를 부착한 통통거리는 자전거를 말하는 것이겠죠. 하지만 우리나라에서 말하는 오토바이는 이런 전동 자전거가 아니라 'motor scooter' 혹은 'motorcycle'을 말하고 있다는 것은 모두가 알고 있지만 대부분의 사람들은 그냥 '오토바이'라고 말하고 있습니다.

You must wear a helmet when you are on a motorcycle.
오토바이를 탈 때는 헬멧을 써야 합니다.

15 추측을 표현할 때
You seem to~.

You seem to ~.
너 ~한 것 같아.

It looks like~.
그것은 ~처럼 보여요

seem like ~.
~인 것 같아요

Basic Pattern

43 You seem to ~.
너 ~한 것 같아.

> 말하는 사람의 주관적인 생각이나 의견을 말할 때 사용하는 구문으로, 말하는 사람의 의견이 사실과 다를 수도 있습니다.

You seem to be down this morning.
오늘 아침 기분이 좀 안 좋아 보이네요.

You don't seem to have much of an appetite.
당신 식욕이 많이 없는 것 같군요.

You seem to be having a good time nowadays.
요즘 재미가 좋은 것 같군요.

You seem to take pleasure in doing this game.
당신은 이 게임을 즐기는 것 같군요.

44 It looks like~.
그것은 ~처럼 보여요

〈It's like~.〉와 비슷한 의미로 〈~같아.〉라고 해석할 수 있습니다. 뒤에 명사가 오면 〈~처럼 보여요.〉라는 의미입니다.

It looks like a shower.
소나기가 올 것 같다.

It looks like I need to take a trip to the doctor.
병원에 한 번 가긴 가야 할 것 같군요.

It looks like he's not going to make it.
그 사람은 오지 못 할 것 같이 보이는군요.

It looks like the escalator is broken again.
에스컬레이터가 다시 고장 난 것 같아요.

45 seem like ~.
~인 것 같아요.

어떤 일이나 사물에 대한 생각이나 느낌을 말할 때 사용하는 구문입니다.

She seems like a reasonable person.
그녀는 이성적인 사람으로 보인다.

It seemed like that you drank too much.
술을 너무 많이 마시는 것 같던데.

He seemed like a different person.
그 사람이 다른 사람처럼 보였어요.

You seem like gained a lot of weight.
당신 체중이 많이 늘어난 것 같군요.

16 I wonder if~.

무엇이 궁금할 때

I wonder if ~.
~인지 궁금해요

I'm curious about~.
~이 궁금해요

I wonder why ~.
왜 ~인지 궁금해요.

Basic Pattern

46 I wonder if ~.
~인지 궁금해요.

> wonder는 〈~이 아닐까 생각한다〉라는 의미로 if 이하의 절이 사실인지 아닌지 궁금하다고 할 때 사용하는 표현입니다.

I wonder if **the diamond's even real.**
이 다이아몬드가 진짜인지 의심스럽다.

I wonder if **it will rain tomorrow.**
내일은 비가 올지 모르겠어요.

I wonder if **I could get a glass of water.**
물 한 잔만 가져다주실 수 있을는지요.

I wonder if **we'll have good weather tomorrow.**
내일 날씨가 좋을지 궁금하군요.

47 I'm curious about~.
~이 궁금해요

> curious가 〈호기심이 강한, 알고 싶어 하는〉이란 뜻으로, 〈~에 대해서 궁금하다〉라는 의미입니다.

I was curious about you because we had no contact.
우리와 연락이 없어서 너에 대해 궁금했어.

I was curious about what you concluded.
당신이 결정한 것이 무엇인지 궁금해요.

I am curious about your comments.
당신의 논평에 대해 궁금하군요.

I'm curious about what you want me to do.
난 당신이 내가 뭘 하길 원하는지 궁금합니다.

48 I wonder why ~.
왜 ~인지 궁금해요.

> 평서문의 형태이지만 wonder의 의미로 의문이나 부탁을 요청하는 구문으로 사용되는 표현입니다.

I wonder why she is so late.
그녀가 왜 이렇게 늦는지 모르겠네.

I wonder why you decided to change jobs.
왜 직업을 바꾸기로 결정하셨는지 궁금하군요.

I wonder why the train's been delayed.
기차가 왜 연착됐는지 모르겠어요.

I wonder why she is calling me.
그녀가 나에게 왜 전화를 했는지 모르겠네.

Practice with dialogue

A You seem to have something to say.
뭔가 할 말이 있는 것처럼 보이는데.

B Yes. I have something to say.
네. 할 말이 있어요.

A What is it?
무슨 말인데?

B I think I know who was in the room.
방에 있던 사람이 누군지 알 것 같아요.

영어 상식 한 마디

Driver → screwdriver

우리는 가끔 무엇을 고칠 때 '도라이바 좀 가져와라.' 하고 말을 합니다. 도라이바는 일본어식 발음이고 영어로는 드라이버를 말합니다. 하지만 드라이버도 정확한 영어가 아니며 정확 단어는 'screwdriver' 입니다. 그냥 'driver' 하면 '운전사'를 가리키는 말이 되겠죠. 여기서 십자드라이버는 'cross-tip driver, 일자도라이버는 'flat-tip driver' 라는 것도 같이 알아두세요.

With the aid of a screwdriver, loosen the two screws at each end.
드라이버를 써서 양끝에 조여진 나사 두 개를 풀어라.

Practice with dialogue

A I wonder if he'll come to the party.
그가 파티에 올런지 궁금해.

B He will if he gets invited.
초대받았다면 오겠지.

A Did we send him an invitation?
우리가 초대장 보냈던가?

B Let me check.
확인해 볼게.

영어 상식 한 마디

Hotchkiss → stapler

Hotchkiss는 미국의 발명가 호치키스의 이름을 딴 상표 이름이며, 정식 명칭은 스테이플러(stapler)라고 합니다. 우리말로는 무엇이라고 할까요? 박음쇠, 또는 대용어로 철찍개란 말을 사용합니다. 그리고 철찍개 안에 들어가는 철심은 철찍개심, 철찍개알 등으로 부르면 된다. 영어로 표현한다면 스테이플(stapler)이라고 하면 됩니다.

Do you sell staples for this kind of stapler?
이런 호치키스에 맞는 알이 있습니까?

17 변명을 할 때
I tried to~.

I tried to ~.
~하려고 했어요.

I had no choice but~.
~할 수 밖에 없었어요.

There is no excuse for~.
~대해 변명의 여지가 없어요.

Basic Pattern

49 I tried to ~.
~하려고 했어요.

> 어떤 일이나 상황을 실천을 하려고 노력을 하고 있다는 변명을 하는 표현입니다.

I always tried to protect you.
넌 항상 널 보호하려고 노력했어.

I'm trying to figure that out now.
지금 그걸 알아내려고 하고 있어요.

I'm trying to find a birthday present for my son.
아들에게 줄 생일 선물을 찾고 있습니다.

I tried to persuade him out of smoking.
나는 그를 설득해서 금연을 하게 했다.

50 I had no choice but~.
~할 수 밖에 없었어요.

> 어떤 일을 선택할 수밖에 없었다는 의미로 현재 한 일에 대한 변명을 할 때 쓰는 표현입니다.

I have no choice but to pay in cash.
현금으로 낼 수밖에 없네요.

I had no choice but to tell the truth.
나는 사실을 말할 수밖에 없었다.

I had no choice but to leave.
나는 떠날 수밖에 없었어요.

I had no choice but to accept his proposal.
나는 그의 제안을 받아들일 수밖에 없었다.

51 There is no excuse for~.
~대해 변명의 여지가 없어요.

> 상대방에게 다른 변명을 하지 못하도록 못을 박아 얘기를 할 때 쓰는 표현입니다.

There is no excuse for the violence.
폭력에는 변명의 여지가 없어요.

There is no excuse for getting lazy about security.
안전을 게을리 한 것은 변명의 여지가 없다.

There is no excuse for street crime.
노상 범죄는 변명의 여지가 없어요.

There is no excuse for not doing so.
그렇게 하지 않은 것에 대해서는 변명의 여지가 없습니다.

18 경험을 얘기할 때
I used to~.

I used to~.
~을 하곤 했어요.

I'm used to~.
~에 익숙합니다.

I get used to~.
~에 익숙해지다

Basic Pattern

52 I used to~.
~을 하곤 했어요.

〈used to~〉 형식은 어떤 일이 과거에 규칙적으로 일어났음을 나타냅니다. 또한 어떤 일이 과거에 사실이었다는 뜻에 사용합니다.

I used to work at a factory.
저는 공장에서 일한 적이 있었습니다.

I used to visit my mother every other day.
어머니를 이틀에 한 번씩 방문하곤 했어요.

I used to watch this drama on TV every Monday.
매주 월요일에 이 TV드라마를 보곤 했다.

I used to watch the concert with her.
나는 그녀와 콘서트를 보곤 했습니다.

53 I'm used to~.
~에 익숙합니다.

> 어떤 사물이나 일을 하는 데 있어서 습관처럼 익숙해져 있다는 의미로 사용할 수 있는 표현입니다.

I'm not used to that kind of audition.
난 그런 종류의 오디션에 익숙하지 않다.

I'm used to working long hours.
난 오랜 시간 일하는 데 익숙합니다.

I'm so used to scrimping now.
나는 이제 내핍 생활을 하는 데 아주 익숙합니다.

I'm used to the strange Korean traditional food.
나는 낯선 한국 전통 음식에 대해 익숙해졌습니다.

54 I get used to~.
~에 익숙해지다

> 현재 일어나고 있는 일이나 상황이 이제는 점차로 습관처럼 익숙해져 가고 있다는 의미입니다.

I get used to the strange Korean ways.
나는 낯선 한국의 방식에 익숙해지고 있어요.

I get used to the vegetarian diet gradually.
나는 점차로 채식에 익숙해지고 있어요.

I still can't get used to figure skating.
나는 아직 피겨 스케이팅에 익숙하지 않아요.

I'm new at this, but I'll get used to it.
나는 이것이 새로운 것입니다. 하지만 익숙해질 겁니다.

Practice with dialogue

A I tried to be nice to you.
너에게 잘 해주려고 노력했었어.

B Yes, I know.
응 알아.

A Then why did you turn your back on me?
근데 왜 날 배신 한거야?

B I had no choice.
어쩔 수 없었어.

영어 상식 한 마디

Arbeit → part time job

'Arbeit'는 독일어로 '일'이라는 말은 대부분의 사람들이 알고 있는 단어입니다. 따라서 우리가 말하는 시간제 일인 '알바'라고 하는 말은 영어에서는 쓰는 말이 아닙니다. 그래서 시간을 쪼개서 하는 서빙이나 과외 등은 그냥 'part time job'이라고 하면 됩니다. 반대로 정규적인 일을 하는 것은 'full time job'이라고 하면 되겠죠.

When I was a sophomore, I had a part time job.
대학교 2학년 때 난 아르바이트를 했었어.

Practice with dialogue

A Were you a good student?
너는 좋은 학생이었니?

B Yes, I was. How about you?
응 너는 어땠어?

A I used to skip the classes.
난 수업을 빼먹곤 했어.

B Wow. Why did you skip the classes?
왜 수업을 빼 먹었던거야?

영어 상식 한 마디

우리는 poker를 하면서 영어를 많이 사용하는데 원어민들은 어떤 영어를 사용을 할까요. 배팅(betting)하면서 부풀어지는 판돈(pot)의 액수 안에서 배팅을 하게 되는 방법이 있는데 보통 'full betting' 라고 하는데 맞는 영어는 'pot limit betting' 이라고 해야 합니다. 그리고 판돈을 올릴 때 레이스(race)라고 하는데 맞는 영어는 'raise up' 이라고 해야 합니다. 'seven one pair(7이 한 쌍)'는 'pair sevens' 라고 말하고 'Ace one pair' 도 역시 'pair Aces' 라고 말합니다. 또한 club(♣)이 토끼풀 모양이라고 해서 clover이라고 말하는데 잘못된 영어입니다. 갖고 있는 돈을 판에 거는 것을 오링이라고 하는데 영어로는 'all-in' 이 될 것입니다. 그리고 게임을 포기할 때 'die' 라고 하지 않고 'fold' 라고 말합니다.

19 What if~.

가정으로 얘기를 할 때

What if~?
만일 ~하면 어떻게 될까?

If I were~, would you~.
내가 ~라면, ~할텐데.

If you don't mind ~.
괜찮으시다면 ~입니다.

Basic Pattern

55 What if~?
만일 ~하면 어떻게 될까?

> 일어나지 않은 일을 가정하여 그 결과를 상상해 보며 말을 할 때 사용하는 표현입니다. 〈가정하여 어떻게 될까?〉라는 의미입니다.

What if one of the kids got hurt?
만에 하나 애들이 다쳤다면 어떻게 하죠?

What if he's not what you imagine?
만약 그가 네가 상상하던 것과 다르다면 어쩔 건데?

What if I'm on the wrong path?
잘못된 길로 들어섰다면 어떡하죠?

What if it rains on Sunday?
만약 일요일에 비가 오면 어떻게 하죠?

56 If I were~, would you~.
내가 ~라면, ~할텐데.

> 자신이 상대방의 입장을 가정하고 자신이 어떻게 처신할 것이라는 뜻을 말할 때 쓰는 표현입니다.

If I were a bird, I would fly to you.
내가 새라면 너에게 날아갈 텐데.

I wouldn't do that, if I were you.
내가 너라면 그런 일은 안 하겠다.

I wouldn't have any more to drink, if I were you.
내가 자네라면 술은 더 이상 안마시겠네.

If I were you, I would not do such a thing.
만약 네가 나라면 그런 일은 하지 않을 겁니다.

57 If you don't mind ~.
괜찮으시다면 ~입니다.

> 아주 정중하게 상대방의 양해를 구하며 내가 하고 싶은 것을 말하는 예의바른 표현입니다.

If you don't mind, I have to get ready.
괜찮으시다면 전 준비 좀 해야겠네요.

Close the window, please, if you don't mind.
괜찮으시다면, 창문 좀 닫아주시겠어요?

If you don't mind, I'd like to take off on today.
괜찮으시다면 오늘은 쉬고 싶은데요.

If you don't mind, could you do me a favor?
괜찮으시다면 부탁 좀 들어 주시겠어요?

20 Is it possible to~?

가능성을 물어 볼 때

Is it possible to~?
~하는 게 가능할까요?

Would it be possible to~?
~하는 게 가능할까요?

Is there any chance~?
~할 가능성이 있어요?

Basic Pattern

58 Is it possible to~?
~하는 게 가능할까요?

> 정말 가능한 일인지 아닌지를 확인할 때 뿐 만 아니라 의구심이 들거나 질책을 하는 듯이 말할 때 사용하는 표현입니다.

Is it possible for me to pass the exam?
제가 시험에 합격하는 것이 가능할까요?

Is it possible to stay two more days?
이틀 더 머물 수 있을까요?

Is it possible for you to meet with me today?
오늘 저와 만나는 것이 가능할까요?

Is it possible to get there by walk?
거기에 걸어서 가는 것이 가능할까요?

59 Would it be possible to~?
~하는 게 가능할까요?

> 상대방에게 어떤 일이나 사건을 이렇게 하면 가능한 것인지를 물어볼 때 쓰는 표현입니다.

Would it be possible to see that report?
저 보고서를 볼 수 있을까요?

Would it be possible for me to leave a message for her?
그녀에게 메세지를 남길 수 있을까요?

Would it be possible to see you in my home today?
오늘 저희 집에서 뵐 수 있을까요?

Would it be possible to pay it by credit card?
신용카드로 지불해도 될까요?

60 Is there any chance~?
~할 가능성이 있어요?

> 직역하면 〈어떤 기회가 있느냐?〉는 뜻으로 어떤 일에 대해 가능성을 물어볼 때 사용하는 표현입니다.

Is there any chance she'll call you?
그녀에게 전화가 올 가망성은 있습니까?

Is there any chance of getting tickets for tonight?
오늘 밤 표를 구할 가능성이 있나요?

Is there any chance for my mother to recover?
어머니가 회복할 가능성이 있나요?

Is there any chance of success?
성공할 가능성이 있을까요?

Practice with dialogue

A Pack this medicine, too.
이 약도 챙겨.

B Mom, it's just two days.
엄마 이틀동안 뿐인데.

A What if you got hurt?
다치기라도 하면 어쩌려고?

B OK, mom I'll pack it too.
알았어요 그것도 챙기죠.

영어 상식 한 마디

Back number → uniform number

우리는 야구 중계를 볼 때 캐스터(caster)가 영어를 많이 사용하는 것을 들을 수가 있습니다. 우리 귀에 익숙한 영어들이 실은 매우 어색한 영어라는 것을 알고 있는지요. 흔히 four ball이라고 하는데 정확한 영어로는 base on balls라고 해야 맞습니다. 이런 영어들을 살펴보면 다음과 같습니다.

투스트라이크 원볼(two strike one ball) → one ball two strikes
포볼(four ball) → base on balls
데드볼(dead ball) → hit by a pitch
언더스로(under throw) → submarine throw

Practice with dialogue

A It's not possible for me to live without Kimchi.
김치없이 사는건 불가능해.

B Yes, it's possible.
가능해.

A Is it possible for fish to live without water?
물고기가 물 없이 사는게 가능해?

B It's not the same.
그것과는 다르지.

영어 상식 한 마디

마운틴플라이 → pop fly
풀베이스 → 3 runners on base
홈인 → went home
터닝슛 → turned and shot
노골 → no point
골게터 → striker
오버헤드킥 → bicycle kick
풀백 → sweeper
골든골 → winning goal
골인 → make a goal
게임셋 → game and set
백넘버 → uniform number, jersey number

Teaching a man how to fish is better than giving him s fish.

물고기를 주기 보다는 물고기 잡는 법을 가르쳐라.

Part 4

마무리 패턴

60

01 Are you ready to+동사~?
~할 준비가 됐나요?

〈be ready to~〉의 의문형으로 to 다음에 준비할 내용을 말하면 됩니다. 만약 무엇을 준비할 것인지 알고 있다면 〈Are you ready?〉하고 말하면 됩니다.

응용 Pattern

Are you ready to go to the school dance party?
학교댄스 파티에 갈 준비됐어?

Are you ready to order now?
이제 주문할 준비가 되셨습니까?

Are you ready to go shopping?
쇼핑할 준비가 되셨습니까?

Are you ready to order?
주문하시겠습니까?

Practice with dialogue

A Are you ready to leave?
떠날 준비됐어?

B Not yet.
아직

A How long do you need?
얼마나 더 걸려?

B Just ten minutes.
10분이면 돼.

02 be familiar with~
~에 익숙하다.

⟨be familiar with~⟩는 ⟨~에 익숙하다⟩라는 의미로 어떤 사물이나 일, 상황을 잘 알고 있을 때 쓰는 표현입니다. with 다음에 다양한 문구를 사용해 의사를 전달할 수 있습니다.

응용 Pattern

She is familiar with Korean customs.
그녀는 한국 풍습에 익숙합니다.

I'm not familiar with the directions to the hotel.
나는 호텔로 가는 길을 잘 모릅니다.

He is familiar with the lay of the land around here.
그는 이 근방의 지형에 익숙합니다.

The thief seems to have been familiar with the area.
강도가 이 지역을 잘 알았던 것 같습니다.

Practice with dialogue

A Can you tell me where's supermarket?
슈퍼마켓이 어디있죠?

B I'll show you.
제가 알려 드리죠.

A Thank you. I'm not familiar with this area.
고마워요. 이곳 지리가 익숙하지 않아서요.

B You just moved in?
이사온지 얼마 안 되시나봐요.

03 Even if~.
~하더라도, ~일지라도

> 〈even if~〉는 〈~하더라도〉라는 의미의 접속사입니다. if 다음에는 주어+동사가 오며, 양보를 나타내는 종속접속사 though, although와 같은 의미로 사용합니다.

응용 Pattern

Even if I starve to death, I won't steal.
굶어 죽을망정 도둑질은 안 한다

Even if you do not like it, you must do it.
너는 그것이 싫더라도 꼭 해야만 한다.

I'll fight to the end **even if** it means losing my life.
죽는 한이 있어도 끝까지 싸울 것이다.

I'd love her **even if** she didn't have an incredible body.
그녀가 멋진 몸매를 갖고 있지 않았다 해도 그녀를 사랑했을 거야.

Practice with dialogue

A Can you do something for me?
좀 도와줄 수 있어요?

B Honestly, no.
솔직히 좀 힘들겠는데

A Why? you don't love me?
왜? 날 사랑하지 않아?

B **Even if** I love you, there's still things I can't do.
사랑해도 할 수 없는 일이 있는거야.

04 Feel free to~.
마음대로 ~하세요.

> 〈feel free to~〉는 무엇을 하든 상관이 없으니 마음대로 하라는 상대방을 배려하는 표현입니다. to 다음에 배려하는 내용을 말하면 됩니다.

응용 Pattern

Please feel free to contact me at any time.
언제든지 편하게 저에게 연락하세요.

Feel free to call me anytime.
언제든지 전화해.

Please feel free to eat whatever you like.
좋아하시는 것은 무엇이든 맘껏 드세요.

If there is any doubt, feel free to tell me.
어떤 의문이 있으시면 서슴없이 말해주세요.

Practice with dialogue

A Thank you for opening an account here.
여기서 구좌를 개설해 주셔서 고맙습니다.

B Thank you, too.
저도 감사합니다.

A Please feel free to ask any question.
궁금하신 것이 있으면 언제나 문의하세요.

B Yes, I'll.
예 그러죠.

05 I don't care if~.
~이든 아니든 상관없다

> if 이하의 내용에 상관이 없다라는 의미로 문맥에 따라 허락의 의미와 무관심 내지는 면박의 내용이 될 수도 있으니 주의하여 사용해야 합니다.

응용 Pattern

I don't care if you go or not.
네가 가든 말든 상관 않을 거야.

I don't care if you don't like me.
네가 나를 싫어한다 해도 난 관심 없어.

I don't care if she left me.
그녀가 나를 떠났다고 해도 나는 상관없어.

I don't care if I'm dying.
전 죽어도 상관없어요.

Practice with dialogue

A Did you hear that?
너 그것 들었어?

B What?
뭔데?

A Frank is coming today.
프랭크가 오늘 온데.

B I don't care if he comes or not.
난 관심없어.

06 can't stop ~ing
~할 수밖에 없다

not과 stop이 결합하여 〈멈출 수가 없다〉라는 의미로 그럴 수 밖에 없는 자신의 심정을 나타내는 표현입니다.

응용 Pattern

I can't stop thinking about you.
당신 생각을 멈출 수가 없어요.

You can't stop the aging process.
나이를 먹는 것은 막을 수 없다.

I can't stop loving you.
당신을 사랑하지 않을 수가 없어요.

I can't stop thinking about her.
그녀에 대한 생각을 멈출 수가 없어요.

Practice with dialogue

A Your face is so funny. What happened to you?
네 얼굴이 너무 웃긴다 무슨 일있었어?

B I have no idea.
나도 모르겠어.

A I'm sorry. I can't stop laughing.
미안 웃음을 참지 못하겠어.

B You can laugh.
웃어도 괜찮아.

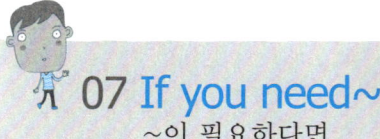

07 If you need~.
~이 필요하다면

⟨if you need~⟩는 ⟨만약 당신이 ~이 필요하다면~⟩이란 가정의 표현으로 상대방이 필요한 것에 도움을 주거나 조언을 해 줄 수 있다는 내용이 이어집니다.

응용 Pattern

If you need more, feel free to tell me.
더 필요하시면 편히 말씀해 주십시오.

If you need any help, I'd be happy to oblige.
도움이 필요하시면, 기꺼이 도와 드리겠습니다.

If you need any help, just push the call button.
도움이 필요하시면 호출 버튼을 누르세요.

Let me know if you need anything.
무언가 필요한 게 있으면 저에게 알려주세요.

Practice with dialogue

A How are you feeling today?
오늘 어때요?

B Good. How are you?
좋아요 당신은요?

A I'm fine. If you need anything, call me.
좋아요. 뭐 필요하면 전화줘요.

B Yes. Thank you.
예 감사합니다.

08 I've heard (that)~.
~라고 들었어요.

> 이미 들어서 알고 있거나, 누군가에게 들었다는 사실을 언급할 필요가 있을 때 사용하는 표현으로 〈내가 듣기로는 ~입니다.〉라는 의미도 있습니다.

응용 Pattern

I've heard so much about you.
당신에 대해 너무나 많이 들었습니다.

I've never heard anything so silly.
그런 바보 같은 소리를 난 들어본 적이 없어.

I've heard it said (that) they met in China.
그들이 중국에서 만났다는 말을 들은 적이 있다.

I've heard programmer is a promising job.
프로그래머가 전망있는 직종이라고 들었어요.

Practice with dialogue

A It's nice to meet you.
만나서 반가와요.

B It's nice to meet you, too.
저도요.

A I've heard so much about you.
당신에 대해 이야기 많이 들었어요.

B I hope it was all good.
모두 좋은 이야기이었길 바래요.

09 I can't stand~.
~을 참을 수가 없어요.

> 어떤 사물이나 사람, 또는 상황을 참을 수 없을 정도로 싫어할 때 쓰는 표현입니다. stand 다음에 명사 또는 동명사를 이어주면 됩니다.

응용 Pattern

I can't stand you defending that woman.
나는 당신이 그 여자 편드는 건 못 참아

I can't stand his cocky attitude.
나는 그의 건방진 태도를 참을 수 없다

I can't stand his arrogance any longer.
그의 오만함을 더 이상 참을 수가 없다.

I can't stand his boasting.
난 그의 잘난 척을 참을 수 없어.

Practice with dialogue

A Your room is very good.
네 방이 정말 좋구나.

B I know.
나도 알아.

A Why do you want to move out?
근데 왜 이사가려고 해?

B I can't stand my roommate anymore.
룸메이트를 참을 수가 없어.

10 I can't argue against that~.
이의 없어요.

> 상대방과 의견이 같을 경우에 사용하는 표현입니다. argue 는, 〈논쟁하다, 논하다〉라는 뜻으로 논쟁할 수 없으니 동의한 다란 말입니다.

응용 Pattern

I can't argue against that peace is better than war.
평화가 전쟁보다 낫다는 데 이의없습니다.

I can't argue against that we need to help them.
우리가 그들을 도와줘야 되는 데에 이의없습니다.

I can't argue against that my parents love me.
우리 부모님이 나를 사랑하는 것을 부인할 수 없습니다.

Practice with dialogue

A I don't understand why people hate Bush so much.
나는 사람들이 왜 부시 대통령을 싫어하는지 모르겠어.

B Do you think war is good?
넌 전쟁이 좋다고 생각해?

A No, I can't argue against that war is bad.
전쟁이 나쁘다는 것에는 이의가 없어.

B Then you know why people hate Bush.
그럼 사람들이 왜 부시를 싫어하는지 알겠네.

11 I guess (that)~.
~라고 짐작하다.

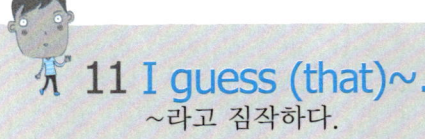

guess는 〈추측하다〉라는 뜻으로 어떤 상황을 추측할 때나 자신의 의견을 말하면서 단정적으로 말하는 것을 피하고 싶을 경우에 사용하는 표현입니다.

응용 Pattern

I guess that she is about 30.
나는 그녀가 30세 정도 되는 것으로 짐작된다.

I guess she wants on the surfing.
나는 그녀가 서핑을 원한다고 추측했어.

I guess she must be intimate with him.
그녀는 그와 아주 가까운 사이인 것 같다.

I guess it was just a misunderstanding.
오해가 있었던 것 같군요.

Practice with dialogue

A Did you tell him that I lied?
내가 거짓말 했다고 그에게 말했니?

B No.
아니

A How could he know that?
그럼 그가 어떻게 알 수 있었지?

B **I guess** he just figured it out.
짐작컨데 그가 추측해 내었을 것 같아

12 What makes you~?
무엇이 그렇게 하나요?

> 직역을 하면 〈무엇이 당신을 ~하게 만들었나요?〉의 뜻입니다. 문맥의 의미를 자연스럽게 의역을 해야 하는 표현입니다.

응용 Pattern

What made you change your mind?
왜 마음을 바꾸셨습니까?

What makes you think it's a tumor?
왜 종양이라고 생각하죠?

What made you like my daughter so much?
우리 딸이 어디가 그렇게 마음에 들었어요?

What makes you doubtful?
확신하지 못하는 이유가 뭐죠?

Practice with dialogue

A Are you still looking for a house?
아직도 집을 구하고 있니?

B No. I'm not moving.
아니. 이사 안 할거야.

A **What made you** change your mind?
왜 마음이 바뀐거야?

B My roommate's going to move out.
룸메이트가 이사갈거야.

13 instead of~.
~대신에

⟨insread of~⟩은 ⟨~대신에⟩란 뜻으로 어떤 것이나 어떤 일을 하지 않고 다른 것을 선택하겠다는 의미의 표현입니다.

응용 Pattern

Take the stairs at work instead of the lift.
일을 할 땐 엘리베이터 대신에 계단을 이용하도록 해.

Can I get pork instead of beef?
쇠고기 대신 돼지고기로 주실래요?

You have to face reality instead of avoiding it
현실은 피하려고 하지 말고 맞서야 해.

Instead of being angry with her, try to be understanding.
그녀에게 화를 내기 보다는 이해하려고 노력하세요.

Practice with dialogue

A Do you want a coffee?
커피 할래?

B No, thanks.
아니 고마워

A Did you have a coffee already?
커피 벌써 마셨어?

B No, but I had a tea instead of coffee.
아니. 커피대신 차 마셨어.

14 I know better than to~.
~할 정도로 어리석진 않다

> 직역을 하면 〈~하는 것보다는 잘 안다〉라는 뜻으로 to 이하의 행동이나 말을 하면 안된다는 의미로 to이하에는 바람직하지 않은 일이나 행동이 있어야 합니다.

응용 Pattern

I know better than to quarrel.
말다툼할 만큼 어리석진 않아요.

I knew better than to be flattered.
아첨할 만큼 어리석진 않아요.

I know better than to believe you.
당신을 믿을 만큼 어리석진 않아요.

I know better than to do so.
그런 짓을 할 만큼 어리석지는 않다.

Practice with dialogue

A Are you going to quit school?
학교 그만 둘거야?

B No. I know better than to do something stupid like that.
아니. 그렇게 멍청한 짓을 할 만큼 어리석진 않아

A You don't go to school these days.
너 요즘 학교 안갔잖아.

B I'll go back to school next semester.
다음 학기에 학교로 돌아갈거야.

15 What brings you~?
~하게 된 이유가 뭐죠?

> 〈무엇이 당신을 ~에 데려왔나요?〉라는 뜻으로 뒤에 장소가 오면 〈무슨 일로 ~에 오셨나요?〉라는 의미의 표현입니다.

응용 Pattern

What brings you out here?
여긴 무슨 일로 오셨나요?

What brings you to such a humble place?
어떻게 이 누추한 곳까지 오셨습니까?

What brings you here this evening?
이 저녁에 여긴 어떻게 오셨나요?

What brings you to this town?
당신은 무슨 일로 이 도시에 오게 되었나요?

Practice with dialogue

A Is this Larry's production company?
여기가 래리 프로덕션 인가요?

B Yes. **What brings you** here?
그런데 무슨 일이세요?

A I want to apply for a job.
일을 하고 싶어서 왔는데요.

B Then please fill this form out.
그럼 이 양식을 작성해 주세요.

16 I'd prefer ~.
~하는 것이 더 좋다

> ⟨I'd prefer~.⟩은 ⟨I would prefer~.⟩의 줄임말이며, ⟨~하는 것이 더 좋다⟩라는 표현입니다.

응용 Pattern

I'd prefer to go by KTX.
나는 KTX로 가는 것이 더 좋아.

I'd prefer espresso, thanks.
나는 에스프레소가 더 좋아요, 고마워요.

I'd prefer a kind mind over good looks.
나는 외모보다 착한 마음씨를 더 좋아합니다.

I'd prefer to go tonight.
밤에 가는 것이 더 좋아요.

Practice with dialogue

A I'm sorry to say this.
이런 말을 하게 되어서 유감이야.

B **I'd prefer** not to know it.
그 일을 모르는 것이 나을 것 같아.

A You have to know the truth.
너는 사실을 알아야만 해.

B Yes. Tell me.
그래 말해봐.

17 I'll check if ~.
~인지 알아볼게요.

어떠한 일이나 상황에 대한 상대방의 물음에 잘 알지 못할 때 좀 더 알아본 다음 확답을 주겠다는 의미의 표현입니다.

응용 Pattern

I'll check if you can borrow it for the tomorrow.
내일 그걸 빌릴 수 있는지 한번 알아볼게요.

I'll check if I can come to concert.
콘서트에 갈 수 있는지 알아볼게요.

I'll check if she's in the beauty salon.
그녀가 미용실에 있는지 알아볼게요.

I'll check if it's all right to park here.
여기에 주차를 해도 괜찮은지 알아 볼게요.

Practice with dialogue

A I really need to go to restroom.
　　나 화장실에 가야해.

B I'll check if there's one.
　　화장실이 있는지 알아볼게.

A Please. hurry.
　　제발 좀 서둘러주세요

B Yes, stay there.
　　네 거기 있어요

18 I'll take care of~.
~은 내가 처리할게요

> ⟨take care of⟩은 ⟨~을 돌보다⟩란 뜻 이외에도 상황에 따라 다양한 의미를 지니고 있습니다. 여기서는 현재 처한 어려운 문제를 책임지고 자신이 처리한다는 의미입니다.

응용 Pattern

I'll take care of the problem.
그 문제는 제가 처리하겠습니다.

I will take care of it by myself.
저 혼자서 처리할게요.

I'll take care of it as fast as I can.
최대한 빨리 처리하겠습니다.

I'll take care of it later.
제가 나중에 처리할게요.

Practice with dialogue

A Can you do it now?
이것 지금 해 주실 수 있나요?

B No, I can't. I'll take care of it later.
아니요 나중에 처리 해줄께요.

A When can you finish it?
언제까지 끝낼 수 있나요?

B By next Monday.
다음 주 월요일 까지요.

19 I'm afraid ~.
죄송하지만, 유감스럽지만

〈I'm afraid of~〉은 〈죄송하지만, 유감스럽지만, 안타깝지만〉의 의미로 상대방에게 좋지 않은 소식을 전하거나 할 수 없는 일 등을 부탁할 때 공손한 느낌으로 말하는 표현입니다.

응용 Pattern

I'm afraid I can't be of much help.
도움이 되지 못해 죄송합니다.

I'm afraid we're fully booked.
죄송하지만 예약이 다 됐습니다.

I'm afraid you're going in the wrong direction.
안타깝지만 다른 방향으로 가고 있군요.

I'm afraid I just couldn't use you
유감이지만 자네가 필요 없었어.

Practice with dialogue

A Can you come to my party Sunday?
일요일에 파티에 와 주실수 있어요?

B I'm afraid I can't.
죄송하지만 못 갈것 같은데요.

A Are you busy that day?
그날 바쁘세요?

B Yes, I have an important appointment.
네 그날 중요한 약속이 있어서요.

20 I'm good at~.
~을 잘한다, ~에 능숙하다

> ⟨I'm goot at~⟩은 ⟨잘한다, 재주가 있다⟩라는 의미로 장점을 말할 때 쓰는 표현입니다. at 다음에는 명사나 동명사의 형태를 사용합니다.

응용 Pattern

I'm not good at anything.
잘하는 게 아무것도 없어요.

I'm good at playing the piano.
나는 피아노 연주는 잘해요.

I'm not very good at driving yet.
나는 아직 운전을 잘 못해요.

I'm very good at what I do.
제가 하는 일에 자신 있습니다.

Practice with dialogue

A Are you good at swimming?
   수영 잘 하세요?

B No. Are you?
   아니요 당신은요?

A I was a swimming player.
   전 수영 선수였어요.

B Great. Can you teach me?
   멋지군요 절 좀 가르쳐주실래요?

21 I'm having some trouble~.
~에 문제가 있다

> 〈I'm having some trouble~.〉은 〈~로 어려움을 겪고 있다, ~로 애를 먹고 있다〉라는 표현입니다. trouble 다음에 동사 +ing를 사용하고 명사를 사용할 경우 with와 함께 사용합니다.

응용 Pattern

I have some family trouble these days.
요즘 집안이 좀 문제가 있습니다.

I'm having trouble playng violin.
나는 바이올린 연주에 애를 먹고 있어요.

I'm having trouble with my daughter.
딸 때문에 애를 먹고 있어요.

I'm having trouble with the computer.
컴퓨터에 애를 먹고 있어요.

Practice with dialogue

A I'm having trouble with the computer.
컴퓨터에 문제가 있어요.

B What happened?
무슨 일인데요?

A The keyboard doesn't work.
자판이 작동을 안해요.

B I'll go there soon.
곧 갈께요.

22 I'm here to~.
~하러 왔습니다.

⟨I'm here to~.⟩는 자신이 방문한 이유나 목적을 상대방에게 말하는 표현입니다. to 다음에는 동사원형을 써서 자신이 오게 된 이유나 목적을 설명하면 됩니다.

응용 Pattern

I'm here to **sign up for a membership**.
회원 가입하려고 왔습니다.

I'm here to **help your study group**.
나는 스터디 그룹을 도와주러 왔어요.

I'm here to **see Wonder girls**.
원더걸스를 보러 왔어요.

I'm here to **get my car cleaned**.
세차하러 왔습니다.

Practice with dialogue

A How can I help you?
뭘 도와드릴까요?

B I'm here to sign up for a membership.
회원 가입하러 왔는데요.

A Do you want a gold membership?
골드 회원을 원하세요?

B How much is the gold one?
골드는 얼마인가요?

23 I'm interested in~.
~에 관심이 있어요.

> 〈I'm interested in~.〉은 상대방의 관심사항에 대한 표현으로 in 다음의 사항에 흥미가 있다는 의미입니다. 회화에서는 권유의 의미로도 많이 사용합니다.

응용 Pattern

I'm interested in **winter sports**.
나는 겨울 스포츠에 관심이 있습니다.

I'm interested in **dinosaurs**.
나는 공룡에 관심이 있어요.

I'm interested in **ancient history**.
고대 역사에 관심이 있어요.

I'm not interested in **politics**.
나는 정치에는 흥미가 없다.

Practice with dialogue

A **What do you think about Obama?**
오바마에 대해 어떻게 생각해?

B **I don't have an opinion.**
별 생각 없는데

A **Why not?**
왜?

B **I'm not interested in politics.**
난 정치에 관심없어.

24 I'm looking forward to ~ing.
~하길 기대합니다

> 간절한 소망이나 희망을 나타내는 표현입니다. 이때 to는 전치사이므로 명사나 ~ing형으로 사용하여야 합니다.

응용 Pattern

I'm looking forward to seeing 2PM concert.
2피엠 콘서트를 보게 되기를 고대하고 있어요.

I'm looking forward to seeing you again.
당신을 다시 만나길 기대합니다.

I'm really looking forward to today's perform.
오늘 공연이 정말 기대돼요.

I'm looking forward to the concert tomorrow.
내일 있을 연주회가 기다려집니다.

Practice with dialogue

A You'll be here in two days?
이틀 후에 오신다고요?

B Yes, I'll be there in two days.
예 이틀 후에 갈께요.

A I miss you a lot.
많이 보고 싶어요.

B Me, too. I'm really looking forward to meeting you.
저도 당신 만나기를 고대하고요.

25 I'm planning to~.
~할 계획입니다.

> 〈plan to~〉는 〈~할 계획이다, ~할 작정이다〉란 숙어로서 미래에 무엇을 하려고 생각중인 계획들을 말할 때 사용하는 표현입니다. 〈I'm going to~.〉와 같은 의미의 표현입니다.

응용 Pattern

I'm planning to go to Everest.
에베레스트를 갈 계획입니다.

I'm planning to go backpacking in China.
중국으로 배낭여행을 가려고 계획 중이다.

I'm planning how I'm going to spend this vacation.
이번 휴가를 어떻게 보낼지 계획을 세우고 있는 중이다.

I'm planning to go to China for 1 month.
1개월간 중국에 갈 계획입니다.

Practice with dialogue

A I'm planning to spend the vacation with my parents.
방학을 부모님과 보낼 예정이야.

B Are you going somewhere?
어디로 가려고?

A We are going to Guemgang mountain.
금강산에 갈꺼야.

B It sounds great.
멋지군.

26 on my way~.
~하러 가는 중입니다

〈~을 하러 가는 길이다, ~하러 가는 중입니다〉라는 표현으로 앞으로 할 일을 하러 가는 것을 나타냅니다.

응용 Pattern

I met her on my way office.
사무실 가는 길에 그녀를 만났어요.

I stopped off at E-mart on my way over.
오는 길에 이- 마트에 잠깐 들렀었어요.

I bought some roses on my way home from work.
퇴근길에 장미꽃을 조금 샀어요.

I'm on my way to the hospital.
병원으로 가는 길입니다.

Practice with dialogue

A I need to send something to my brother.
오빠한테 보낼 것이 있는데.

B I can stopby post office on my way to school.
학교 가는 길에 우체국에 들릴수 있는데.

A Ah really? Thank you.
정말? 고마워.

B You are welcome.
천만에.

27 I'm trying to~.
~하려고 애쓰는 중입니다

> 현재 하고자 하는 일을 표현할 때 쓰는 표현입니다. to 다음에는 동사 원형을 사용하여 다양한 표현을 할 수 있습니다.

응용 Pattern

I'm trying to get information about Dokdo.
독도에 대한 정보를 찾고 있습니다.

I'm trying to keep off fast foods.
나는 패스트푸드를 멀리하려고 노력 중이다.

I'm trying to get in touch with her.
그녀에게 연락을 해 보려고 하는 중이야.

I'm trying to make a decision.
결정을 내리려고 하는 중입니다.

Practice with dialogue

A Are you sure? You don't want to join us?
확실해? 우리랑 같이 안갈래?

B No. I'm sure.
안가 확실히

A Why do you live lif so hard?
왜 그렇게 힘들게 살아?

B I'm trying to do right thing.
난 옳은 일을 하려고 할 뿐이야.

28 be worried about~
~을 걱정하다, 염려하다

> 〈~을 걱정하다〉라는 뜻이며, 말하는 사람의 걱정이나 근심을 나타내는 표현입니다. 단, about 다음에는 명사 또는 동명사를 사용해야 합니다.

응용 Pattern

I'm worried about my parent's health.
부모님의 건강이 걱정입니다.

Don't worry about hurting her feelings.
그녀의 기분을 상하게 할까 봐 걱정하지는 마세요.

Mothers are always worried about their children.
어머니들은 항상 그들의 자식 걱정뿐이다

I've been worried about her.
나는 그녀를 걱정했어요.

Practice with dialogue

A I'm worried about her so much.
난 그녀가 정말 걱정되요.

B She'll be fine.
그녀는 괜찮을거야.

A This is her first trip.
이건 그녀의 첫 번째 여행이야.

B She's a smart girl. Don't worry.
그녀는 똑똑해 걱정마.

29 I need you to~.
당신이 ~을 해 주었으면 합니다

> 상대방을 향한 강한 바램 내지는 꼭 좀 해 달라는 강한 요청의 의미를 가진 표현입니다. 단순한 부탁 을 넘어 완곡한 명령의 의미가 있습니다.

응용 Pattern

I need you to trust me.
나를 믿어주셨으면 합니다.

I need you to promise me.
나에게 약속을 해 주세요.

I need you to sign right here.
바로 여기에 서명해 주십시오.

I need you to help me.
당신 도움이 필요해요.

Practice with dialogue

A Can you do it alone?
혼자서 할 수 있겠어?

B No. I need you help me.
아니 네 도움이 필요해.

A What do you need?
뭐가 필요한데?

B Can you copy this for me?
이것 좀 복사해 줄래?

30 I should have~.
난~했어야 했어.

〈I should have~.〉는 과거에 어떤 말이나 행동을 하지 않은 것을 후회할 때 쓰는 표현입니다. 부정형은 〈I shouldn't have~.〉라고 하면 됩니다.

응용 Pattern

I should have listened to my teacher.
선생님 말씀을 들었어야 했어요.

I should never have come back here.
결코 여기 오지 말았어야 했어요.

I should have my work finished by tonight.
오늘밤까지는 끝내 놓겠습니다.

I should have gone to bed earlier last night.
지난밤 일찍 잠자리에 들었어야 했어요.

Practice with dialogue

A I missed my flight.
비행기를 놓쳤어.

B How come?
어떡하다가?

A I got up late.
늦잠을 잤어.

B You should have gone to bed earlier last night.
어제 저녁에 일찍 잤어야지.

31 That's what~.
그게 바로 ~입니다.

> 〈That's what+주어+동사〉는 상대방이 이미 했던 말이나 행동에 대해 동의하거나 강조할 때 쓰는 표현입니다.

응용 Pattern

That's what we want to know.
그게 우리가 알고 싶은 거야.

That's what I'm worried about.
그게 바로 걱정했던 것입니다.

That's what I need you to find out.
바로 그걸 알아봐 달라는 겁니다.

That's what I'm trying to tell you.
당신에게 말하려는 것이 바로 그겁니다.

Practice with dialogue

A I don't think he loves me.
그는 날 사랑하지 않는 것 같아.

B No. He doesn't love you.
맞아 그는 널 사랑하지 않아.

A I have to break up with him.
그와 헤어져야만 해.

B That's what I'm trying to tell you.
그것이 바로 내가 하려는 말이야.

32 I'm supposed to~.
내가 ~하기로 되어 있습니다.

> suppose는 〈예상하다, 예정하다〉라는 뜻으로 〈I'm supposed to~.〉라고 피동으로 사용하면, 〈내가 ~을 하기로 예정되어 있다.〉라는 의미가 됩니다.

응용 Pattern

I'm supposed to work nights.
나는 야근하기로 되어 있어요.

I'm supposed to give this to you.
이것을 당신한테 주기로 되어 있어요.

I'm supposed to meet my girl friend here.
여기서 여자 친구를 만기로 되어 있어요.

I'm supposed to meet at eight.
8시에 만나기로 되어 있어요.

Practice with dialogue

A **I'm supposed to be at home right now.**
지금쯤이면 집에 있었어야 하는데.

B **I'm sorry. The traffic is so bad.**
미안해요 많이 길이 막히네요.

A **I understand.**
알아요

B **Thank you for understanding.**
이해해줘서 고마워요.

33 It depends on~.
그것은 ~에 달려 있습니다.

> 〈depend on〉은 〈~에 의지되다, ~에 좌우되다〉라는 숙어로 〈~에 달려있다〉라는 뜻이 됩니다.

응용 Pattern

It depends on how hard you try.
당신이 얼마나 열심히 노력하느냐에 달렸죠.

It depends on how you see it.
그것은 어떻게 보느냐에 달려 있습니다.

It depends on the facts of each case.
그것은 각각의 경우의 여러 가지 사실에 좌우된다.

It depends on how you think.
어떻게 생각하느냐에 달려있죠.

Practice with dialogue

A **Are you going to the beach today?**
오늘 해변에 갈꺼야?

B **It depends on the weather.**
날씨에 달렸지.

A **I went outside. It's sunny.**
밖에 가봤는데 화창해.

B **I'll go to the beach.**
그럼 해변으로 가야지.

34 The thing is~.
말하자면 ~이라는 겁니다.

> 〈The thing is~.〉는 결론을 내리거나, 강조를 할 때 사용하는 표현으로 〈말하자면, 사실은, 요지는〉등으로 해석할 수 있는 구문입니다.

응용 Pattern

The thing is that I have a great deal of work to do.
사실은 나는 해야 할 일이 많다는 겁니다.

The important **thing is** substance, not formality.
중요한 것은 형식이 아니라 내용이다.

The thing is I was about to call you.
사실은 막 전화하려고 했어요.

The thing is, I don't have time to finish it.
말하자면 내가 그것을 끝낼 시간이 없다는 것입니다.

Practice with dialogue

A I'm not your girl friend anymore.
   난 더 이상 네 여자친구가 아니야.

B Yes, I know.
   응 나도 알아.

A Why do you keep calling me?
   근데 왜 계속 전화해?

B The thing is I can't forget you.
   말하자면 난 널 잊을 수가 없어.

35 There seems to be~.
~이 있는 것 같아요.

> 〈There seems to be~.〉는 there+be와 seem to가 결합된 형태로 〈~이 있는 것 같다〉라는 뜻으로 어떤 사물이나 사람의 존재에 대한 추측의 표현입니다.

응용 Pattern

There seems to be no life on the moon.
달에는 생물이 존재하는 것 같지 않다.

There seems to be something wrong with the car.
자동차에 뭔가 이상이 있는 것 같다.

There seems to be one fatal flaw in the system.
이 시스템에 한 가지 결정적인 결함이 있는 것 같아요.

There seems to be no need to hurry.
서두를 필요는 없을 것 같습니다.

Practice with dialogue

A **There seems to be** no one here.
여기에 아무도 없는것 같아.

B No. There's only darkness.
응. 어둡기만 해.

A I don't like the atmosphere here.
나 여기 분위기가 싫어.

B Let's get out of here.
여기서 나가자.

36 Do you want to~?
~을 할래요?

> 상대방에게 권유를 하거나 의향을 물을 때 많이 사용하는 표현입니다. Would you like to~?와 같은 의미로 격의 없는 사이에 사용합니다.

응용 Pattern

Do you want to buy me a drink?
술 한 잔 사주시겠어요?

Do you want to go to the mall on Sunday?
일요일에 쇼핑몰에 가실래요?

Did you want me to give you a ride?
태워다 드릴까요?

Do you want to try again?
다시 시도해보시겠어요?

Practice with dialogue

A Do you want to go out to eat?
밥 먹으러 나갈래?

B No. I'm tired.
아니 좀 피곤해

A Why are you tired?
왜 피곤해?

B I stayed up all night.
어제 밤 샜어.

37 You'd better~.
~을 하도록 해.

〈You'd better~.〉는 충고나 명령, 나아가서는 경고의 의미를 가지고 있는 표현입니다. 〈~하는 것이 더 낫다〉라는 선택의 의미가 아님을 주의.

응용 Pattern

You'd better keep your promise.
약속을 지키도록 하세요.

You'd be better going by foot.
걸어서 가는 것이 좋을 거야.

You'd better take a rest tomorrow.
내일은 쉬도록 해.

You'd better decide quickly.
빨리 결정하는 게 좋을 겁니다.

Practice with dialogue

A **You look tired.**
너 피곤해보여.

B **I have diarrhea for three days.**
삼일동안 설사했어

A **You'd better go to the doctor.**
의사한테 가보도록 해

B **I think so.**
그래야 할 것 같아.

38 You're welcome to~.
~을 해도 좋다.

> 직역을 하면 〈to 이하를 해도 환영한다〉라는 의미로, 〈~해도 괜찮으니 마음대로 해라〉라는 뜻입니다. 상대방의 행위에 제한을 두지 않겠다는 뜻이죠.

응용 Pattern

You're welcome to your opinion.
당신 의견대로 해도 좋습니다.

You're welcome to stay in the suite.
객실은 마음대로 사용하셔도 좋습니다.

You're welcome to take my car.
제차를 마음대로 사용하셔도 좋아요.

You're welcome to revisit it any time.
언제라도 다시 방문하셔도 좋습니다.

Practice with dialogue

A Is it Jack's house?
여기가 잭의 집인가요?

B Yes. Are you his friend Frank?
네 잭의 친구 프랭크인가요?

A Yes.
네

B You are welcome to stay as long as you want.
머물고 싶은 대로 머무세요.

39 I'm willing to~.
기꺼이 ~할 것입니다.

> will은 의지나 미래를 나타내는 조동사로 be willing의 형태로 의지를 나타내는 의미가 강조되어 〈기꺼이 ~할게.〉라는 표현이 됩니다.

응용 Pattern

I am willing to pay her for her work.
일한 것에 대한 보수는 기꺼이 지불할 겁니다.

I'm willing to prepare a present for her.
그녀를 위해서 기꺼이 선물을 준비하겠습니다.

I'm willing to have a try.
제가 기꺼이 시도는 해 보겠습니다.

I am willing to do anything in reason.
합당한 이유라면 어떤 것이든 기꺼이 하겠습니다.

Practice with dialogue

A Will you marry me?
나랑 결혼할래요?

B How much do you love me?
얼마나 절 사랑하세요?

A I'm willing to give you everything for you.
당신을 위해 모든 것을 줄 수 있어요.

B You are so sweet.
정말 자상하시군요.

40 even though~
비록 ~하지만

〈even though~.〉는 〈~라고 하더라도〉라는 뜻으로 though를 강조하는 표현입니다. 종속절에는 주절과는 상충되는 내용이 옵니다.

응용 Pattern

I can't seem to save up money even though I try hard.
아무리 열심히 해도 돈이 모이지 않는 것 같다.

Even though he broke the law, I still feel sorry for him.
비록 그가 죄는 지었지만, 아직도 그가 불쌍해요.

Even though it may seem silly you must try.
비록 어리석어 보일 지라도 시도를 해 봐야 한다.

Even though they are so poor, they seem happy.
그들은 비록 가난할지라도 행복해 보인다.

Practice with dialogue

A Even though I tried so hard, I failed the test.
열심히 했지만 시험에 실패했어.

B I'm sorry about that.
유감이야.

A I'll pass it next time.
다음번엔 통과할꺼.

B I wish you pass the test next time.
다음에 꼭 통과하길 바래.

41 should have+p.p.
~을 했어야 하는 데

〈~을 했어야 하는 데 하지 못했다〉라는 뜻으로 과거의 행동에 대하여 후회를 나타내는 표현입니다. 부정형은 〈should not have p.p.〉로 사용합니다.

응용 Pattern

I never should have trusted you.
너를 결코 믿는 게 아니었어.

I probably never should have married her.
난 확실히 그녀와 결혼하지 말았어야 했어.

I should have said this on the phone.
전화로 미리 말했어야 했는데.

You should have listened to the doctor.
당신은 의사의 말을 들었어야 했어.

Practice with dialogue

A **You should have broken up with him.**
넌 그 남자와 헤어졌어야 해.

B **He's not that bad as you think.**
그는 네가 생각하는 것처럼 나쁜 사람이 아니야.

A **Yes. He is.**
아니야 그는 나빠.

B **What do you know about him?**
네가 그에 대해 뭘 아는데?

42 make it to ~
시간에 맞춰 ~에 간다

> 〈make it〉은 〈성취하다, 이루다〉라는 뜻으로 〈to+장소〉가 이어지면 〈제 시간에 도착하다, (장소)에 다다르다〉라는 표현이 됩니다.

응용 Pattern

I won't be able to make it to the meeting.
회의에는 참석하지 못하겠습니다.

Did you make it to your destination?
목적지까지 제 시간에 도착했어요?

I won't be able to make it to the concert.
연주회에는 참석하지 못하겠습니다.

I can't make it to your party tomorrow.
내일 파티에는 제시간에 가지 못하겠는데요.

Practice with dialogue

A I'm afraid I can't make it to your party tomorrow.
내일 파티에 제 시간에 못갈 것 같아요.

B Is it because of snow?
눈 때문인가요?

A Yes. There's no flight going there now.
네. 지금 거기 가는 비행기가 없어요.

B I'll tell my wife.
아내에게 말할께요

43 do you usually ~ ?
주로 ~하세요?

> usually는 '보통, 늘, 일반적으로, 대개, 평소에는'이라는 뜻의 부사입니다. 문장 그대로 '당신은 평소에 ~을 하세요?'라는 의문문입니다.

응용 Pattern

What do you usually do in your free time?
한가한 시간에는 보통 무엇을 하십니까?

What do you usually do on weekends?
너는 대개 주말에 무엇을 하니?

Do you usually have a close female assistant?
당신과 가까운 여자 비서가 있어요?

What time do you usually get up?
당신은 보통 몇 시에 일어나십니까?

Practice with dialogue

A What do you usually do on the bus?
버스에서 주로 뭘 해요?

B I usually listen to the radio.
주로 라디오를 들어요.

A Do you have a favorite station?
가장 좋아하는 채널이 있나요?

B Yes. 945 is my favorite.
네. 945를 제일 좋아해요.

44 What should I do ~ ?
~하면 어떻게 하지요?

> 〈What should I do~?〉는 자신에게 닥친 상황이나 문제를 어떻게 처리할 줄 몰라 다른 사람에게 물어볼 때 쓰는 표현입니다.

응용 Pattern

What should I do to solve this problem?
이 문제를 해결하려면 어떻게 해야 되죠?

What should I do with this old furnitures?
이 낡은 가구들은 어떻게 하지요?

What should I do if I fail this test again?
이번 시험에 또 떨어지면 어떻게 하지요?

When I land at the airport, **what should I do**?
공항에 도착했을 때 어떻게 해야 하죠?

Practice with dialogue

A Can you move the desk?
책상을 옮겨주시겠어요?

B Sure. **What should I** do with this book?
물론이죠. 이 책은 어떻게 할까요?

A Just put it on te floor.
바닥에 놔주세요.

B I see.
알았어요.

45 Please don't forget to~.
제발 ~을 잊지 마세요.

> 상대방이 뭔가 해야 할 일을 잊지 않도록 상기 시키거나 당부하는 〈꼭 ~를 해라〉라는 의미로 부정형으로 강조를 하는 표현입니다.

응용 Pattern

Please don't forget to apply sun cream.
잊지 말고 선크림을 꼭 바르세요.

Please don't forget me to your family.
가족에게 안부 꼭 전해 주세요.

Please don't forget to vote today.
잊지 말고 오늘 꼭 투표하세요.

Please don't forget to bring the kimchi.
잊지 말고 꼭 김치 가져오세요.

Practice with dialogue

A **Please don't forget to charge your phone.**
핸드폰 충전하는 것 잊지마.

B **I won't forget it.**
안 잊을거야.

A **Why don't you charge it now?**
지금 충전하는 것이 어때?

B **I'll do it now.**
지금 충전 할게.

46 Don't hesitate to~.
주저하지 말고 ~하세요.

〈Don't hesitate to~.〉는 뭔가 결정을 하지 못하고 주저할 때 〈주저하지 말고 하라〉는 독려의 의미를 내포한 표현입니다.

응용 Pattern

Don't hesitate to look around.
주저하지 마시고 둘러보세요.

Don't hesitate to ask for help.
어려워하지 마시고 도움을 요청하세요.

Don't hesitate to look me up if you come to Seoul.
서울에 오시면 주저하지 말고 저에게 오세요.

Don't hesitate to call hotlines.
주저하지 마시고 직통전화로 전화 주세요.

Practice with dialogue

A Welcome to the museum.
박물관에 오신 것을 환영합니다.

B It looks interesting.
흥미로워 보이는군요.

A **Don't hesitate to** ask any question.
질문이 있으면 주저말고 해주세요.

B Yes. I'll
예 그러죠.

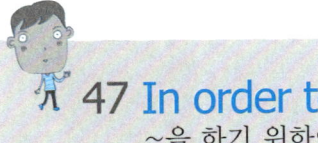

47 In order to~.
~을 하기 위하여

⟨in order to~⟩는 ⟨~을 하기위하여, ~할 목적으로⟩라는 표현으로 to 다음에는 동사의 원형을 사용해야 합니다.

응용 Pattern

I had to study hard in order to be a architect.
건축가가 되기 위해서 열심히 공부해야 했다.

They are saving in order to buy MP3.
그들은 MP3를 사기위해 돈을 모았다.

In order to be a designer, aesthetic sense is necessary.
디자이너가 되려면 심미적인 감각은 필수입니다.

You have to do your best in order to succeed.
성공하기 위해서는 최선을 다해야 한다.

Practice with dialogue

A I want to help people.
난 사람들을 돕고싶어.

B If you be a doctor, you can help people.
의사가 되면 사람을 도울수 있어.

A Then I want to be a doctor.
그럼 난 의사가 될꺼야.

B In order to be a doctor, you have to study hard.
의사가 되려면 열심히 공부해야 해.

48 have nothing to do with~.
~와 아무 관련이 없다

> 관련사실을 전적으로 부인할 때 사용하는 대표적인 표현입니다. nothing 대신 something, anything, much 등을 써서 관련정도를 나타낼 수 있습니다.

응용 Pattern

I have nothing to do with the case.
나는 그 사건과 아무런 관련이 없습니다.

This case has nothing to do with the religions.
이 사건은 종교와 아무 관련이 없습니다.

It really has nothing to do with my daughter.
정말 우리 딸하고는 아무 상관이 없어요.

They have nothing to do with each other.
그들은 서로 아무런 관계가 없습니다.

Practice with dialogue

A Why are you so angry?
왜 그렇게 화가 났니?

B It's not because of you.
너 때문은 아니야.

A Did I make any mistake?
내가 뭘 잘못했니?

B No. It has nothing to do with you.
아니 너와는 아무 관계 없어.

49 If you were in my shoes~.
네가 내입장이라면

> shoes가 여기에서는 신발이 아닌 〈입장, 처지〉라는 뜻으로, be in one's shoes 〈~의 입장이 되다〉라는 숙어를 이용한 가정법 표현입니다.

응용 Pattern

If you were in my shoes, You wouldn't be so sure.
네가 내 입장이라면 그 말 믿지 않을 거야.

I wish I could tie you up in my shoes.
당신이 한번 내입장이 되어봤으면 좋겠어요.

If you were in my shoes, You wouldn't do such a thing.
네가 내 입장이라면 그런 것은 하지 않을 것이다.

If you were in my shoes, how would you feel?
당신이 제 입장이라면 기분이 어떻겠어요?

Practice with dialogue

A How could you make such a stupid mistake?
어떻게 그렇게 바보같은 실수를 할 수 있어?

B Stop blaming on me.
그만 좀 해.

A I can't understand you.
너를 이해하지 못하겠어.

B If you were in my shose, you would understand it.
내 입장이되면 이해할 수 있을거야.

50 Please allow me to~.
~하게 해 주세요.

> 자신이 원하는 것을 상대로부터 허락을 구하는 것뿐 만 아니라 뭔가를 주거나 어떤 행동을 할 때도 사용하는 표현입니다.

응용 Pattern

Please allow me to marry your daughter.
따님과의 결혼을 허락해 주십시오.

Please allow me to introduce myself.
저를 소개할 수 있게 해 주세요.

Please allow me to answer his question?
그의 질문에 대답을 할 수 있게 해 주십시오.

Please allow me to present my apologies.
제발 제 사과를 받아 주십시오.

Practice with dialogue

A Please allow me to marry your daughter.
따님과 결혼하게 해주세요.

B What can you do for her?
그녀를 위해 뭘 할 수 있나요?

A I'll treat her like a princess.
공주처럼 대할겁니다.

B I have to talk to my husband.
남편과 이야기 해 볼께요.

51 You deserve to ~.
당신은 ~할 만합니다.

> 상대방의 행동이나 자질에 대해서 그에 상응하는 댓가를 주거나 받을 만 할 때 사용하는 표현입니다. deserve 다음에는 to 부정사가 옵니다.

응용 Pattern

You deserve to become the president.
당신은 사장이 될 만합니다.

You deserve to receive health insurance.
당신은 건강보험을 받을 자격이 있어요.

You deserve to membership.
너는 회원이 될 만 해.

You deserve to take a day off.
당신은 하루 쉴 만한 자격이 있어요.

Practice with dialogue

A I'll ask boss to give you a bonus.
보스에게 보너스 주라고 해볼게.

B No. Don't do that.
아니요 그러지 마세요.

A You deserve to get a bonus.
넌 그럴만한 자격이 있어.

B Thanks, but it's really OK.
고맙지만 정말 괜찮아

52 I can't believe ~.
~하다니 믿을 수가 없어요.

> 좀처럼 믿을 수 없는 사건이나 사고가 일어났을 때 놀라움이나 충격을 나타내는 표현입니다. 실제로 못 믿겠다는 말이 아니라 놀랐다는 뜻을 강조하는 말입니다.

응용 Pattern

I can't believe you quit your job.
네가 일을 그만두다니 믿을 수가 없어.

I can't believe you just shot me.
당신이 나를 쏘다니 믿을 수가 없군요.

I can't believe she stole my book.
그녀가 내 책을 훔치다니 믿을 수가 없다.

I can't believe I passed the exam.
내가 시험에 합격했다니 믿을 수가 없어.

Practice with dialogue

A I can't believe you quit the job.
일을 그만두다니 믿을 수 없어.

B I hate the job.
난 그 일이 정말 싫어.

A What are you going to do then?
그럼 무엇을 할거야?

B I don't know.
모르겠어.

53 That's because ~.
그것은 ~때문입니다.

〈That's because~〉는 이미 행해진 결과에 대한 이유를 밝히는 표현입니다. 뒤에는 주어+동사가 옵니다.

응용 Pattern

That s because his talent is incredible.
그의 능력은 믿을 수가 없기 때문입니다.

That's because you can't.
당신이 할 수 없기 때문입니다.

That's because he doesn't like me.
그가 나를 싫어하기 때문입니다.

That's because you're overweight.
그건 당신이 과체중이기 때문입니다.

Practice with dialogue

A I have a headache.
머리가 아파.

B Do you want a hot tea?
뜨거운 차 좀 줄까?

A Thanks. Why do I have a headache?
고마워 근데 왜 머리가 아프지?

B That's because you drunk so much last night.
어제 밤에 너무 마셔서 그래.

54 Congratulations on ~
~을 축하해요.

〈congratulation〉은 그냥 축하, 경축이라는 뜻이고 s가 붙으면 '축하 인사, 축하하는 말, 축하 합니다' 라는 뜻으로 쓰입니다. 구체적인 표현이 되는 것이죠.

응용 Pattern

Congratulations on your promotion!
승진을 축하해요!

Congratulations on your wedding!
결혼 축하해!

Congratulations on your graduations!
졸업을 축하합니다.

Congratulations on the birth of your son!
득남을 축하합니다!

Practice with dialogue

A Congratulation on your promotion.
승진을 축하해.

B Thank you.
고마워.

A I made a cake for you.
당신을 위해 케익을 만들었어.

B You are so kind.
정말 친절하시군요.

55 Which ~ should I ~ ?
어떤 ~을 ~해야 할까요?

> should는 ought to, must 혹은 have to보다는 약한 의무를 말합니다. 여러 개 있는 중에서 한 개만을 선택하여야 할 때 사용하는 표현입니다.

응용 Pattern

Which restaurant should we eat dinner at?
저녁을 먹으려면 어느 식당으로 가야 하나요?

Which one should I send in the future?
나중에 다시 보낼 땐 어느 것을 보낼까요?

Which station should I get off to get to the Museum?
박물관에 가려면 어느 역에서 내려야 하나요?

Which way should I follow to get to the village?
그 마을로 가려면 어느 쪽으로 가야 합니까?

Practice with dialogue

A Excuse me.
실례합니다.

B How can I help you?
뭘 도와드릴까요?

A Which train should I take to go to New York?
뉴욕가려면 어떤 기차를 타야해요?

B You can take 911.
911호를 타세요.

56 It's time to ~.
~할 시간이다, ~할 때이다.

> 여기서 It은 비인칭 주어입니다. It은 시간, 날짜, 날씨, 요일, 계절, 명암(밝기), 거리, 가격 등을 나타냅니다.
> 를 전달할 수 있습니다.

응용 Pattern

It's time to go to cooking studio.
요리학원에 갈 시간입니다.

It's time to focus on the farming sector.
농업부분에 집중해야 할 때이다.

It's time to listen to your brain instead of your libido.
성욕보다는 이성적인 판단이 중요한 때입니다.

It's time to let go of the past.
과거는 버려야 할 때입니다.

Practice with dialogue

A It's time to go to bed.
잠자러 갈 시간이야.

B Can I go to the bed in ten minutes?
10분 만 있다 가도 돼요?

A No. You have school tomorrow.
안돼 내일 학교 가야해.

B OK. Good night.
알았어요 잘자요.

57 I'm in the mood for~.
나는 ~을 하고 싶은 기분이야.

> ⟨in the mood for~.⟩는 ⟨…할 기분이 나서~에 마음이 내켜서~할 기분이 되어⟩라는 관용어가 되어 ⟨나는 ~을 하고 싶은 기분이야.⟩라는 표현입니다.

응용 Pattern

I'm in the mood for love.
나는 사랑에 빠진 기분이니까요.

I'm not in the mood to drink wine tonight.
오늘밤은 칵테일을 마실 기분이 아니군요.

I'm not in the mood for your stupid jokes.
장난칠 기분이 아닙니다.

I'm not in the mood for a party tonight.
오늘 밤 파티를 할 기분이 아닙니다.

Practice with dialogue

A **Do you want Galbi for dinner?**
저녁으로 갈비 어때?

B **No. I'm not in the mood for food.**
음식 먹을 기분이 아냐.

A **You should eat something.**
뭐라도 좀 먹어야지.

B **I'll have some snack.**
과자나 좀 먹을게.

58 I never wanted to~.
~을 하는 것은 정말 싫었어.

> never의 위치는 보통 동사의 앞, 조동사의 뒤에 놓여, 여기서는 〈~을 하는 것은 정말 싫다〉고 강조를 하는 표현입니다.

응용 Pattern

I never want to see you again.
나는 당신을 다시는 보고 싶지 않아요.

I never wanted to make you sad.
널 절대 슬프게 하고 싶지 않았어.

I'm sorry. I never wanted to hurt you.
정말 미안해. 정말 너를 다치게 하고 싶지 않았어.

I never wanted to be a doctor.
나는 절대로 의사가 되고 싶지 않았다.

Practice with dialogue

A **I never wanted to come again.**
여기에 다신 오고 싶지 않았는데.

B **Me neither. How do you like it?**
나도. 어떤 것 같아?

A **Terrible. And you?**
끔찍하지. 넌 어때?

B **Better than I thought.**
난 생각보단 나은 것 같아.

59 Should I bring ~ ?
제가 ~을 가져갈까요?

> Should의 주요 용법으로는 〈~하여야 하다〉의 의무·당연, 〈~반드시 ~일 것이다〉의 가능성·기대, 그리고 의문사와 함께 쓰여 의외·놀람 등을 나타내는 것이 있습니다.

응용 Pattern

What should I bring for this trip?
여행갈 때 무엇을 가져가면 될까요?

Should I bring a gift or anything?
내가 선물이든 뭐든 가져가야 하니?

Should I bring you some more pickles?
피클을 더 준비해드릴까요?

Should I bring anything to the party?
파티에 제가 어떤 것을 가지고 갈까요?

Practice with dialogue

A **Are you invited to Dain's birthday party?**
댄의 생일 파티에 초대 받았어?

B **Yes. Should I bring a gift?**
응 생일 선물 가져가야하나?

A **If you want.**
네가 원하면

B **Are you going to bring a gift?**
넌 선물 가져갈꺼야?

60 I can't decide what to ~
~할 지 결정할 수 없다.

> 어떻게 해야 할 지 망설이고 쉽게 결정할 수 없을 때 사용하는 표현으로, decide what+to 혹은 절을 사용하면 무엇을 할 것인지 결정할 수 없다는 뜻입니다.

응용 Pattern

I can't decide what to wear for this trip.
여행갈 때 어느 옷을 입어야 할 지 모르겠어.

I can't decide what to buy for her birthday.
그녀의 생일에 무엇을 사줄 지 결정을 못하겠어요.

I can't decide what to wear for the party.
파티때 무엇을 입어야 할지 모르겠어.

I can't decide what book to read.
어떤 책을 읽어야할 지 결정을 못하겠어요.

Practice with dialogue

A I can't decide what to wear.
　　무엇을 입어야 할 지 모르겠어

B The red dress would be perfect for the party.
　　빨간 드레스가 파티에 맞을것 같아.

A How about the black one?
　　검은색은 어때?

B I think the red one is better.
　　내 생각엔 빨간 것이 더 좋은 것 같아.

If you don't cherish what you have
when you have it, you'll regret it when it's gone.

지금 소중함을 모르면, 잃어버렸을 때 후회한다.

부록
인덱스

찾아보기

A

Are you interest ~?　~에 관심이 있나요?…208
Are you ready to+동사~?　~할 준비가 됐나요?…234
Are you saying ~?　설마 ~는 아니겠지요?…155
as far as I know　내가 아는 한…51
ask a favor of~　~을 부탁하다, 요청하다…18
ask for~　~을 찾다, ~을 요구하다…19
at the beginning of~　시작하다, 시작되다…25

B

baby-sit　아이를 돌보다…91
be familiar with~　~에 익숙하다…235
be going to~　~을 할 계획이다…39
be like~　~처럼 보이다…56
be open to　열리다…72
be seen ~　~보이다…86
be thinking of~　~을 생각하고 있다…99
become friends with　~와 친구가 되다…21
become+명사, 형용사　~이 되다, ~에 어울리다…20
begin+to부정사　~이 시작하다…24
be worried about~　~을 걱정하다, 염려하다…261

C

call it a day　~을 그만하기로 하다…27
call for　~을 필요로 하다…27
call+대명사, 명사　~을 부르다…26
Can you tell me~?　좀 알려주시겠어요?…137
cannot help　~하지 않을 수 없다…45

Can I get you~?　~좀 갖다 드릴까요?…135
Can I~?　~을 할 수 있을까요?…175
can't stop ~ing　~할 수밖에 없다…239
Congratulations on ~　~을 축하해요…287
Could you~?　~을 해주시겠어요?…136

D

Do you know how~?　~을 어떻게 알아?…165
Do you know if~?　~인지 아닌지 알아요?…165
Do you know what~?　~가 무언지 아니?…164
Do you mind if~?　~해도 될까요?…159
Do you mind ~ing?　~좀 해주시겠어요?…160
Do you think~?　~라고 생각해요?…149
do you usually ~ ?　주로 ~하세요?…276
Do you want to~?　~을 할래요?…269
Don't be so ~　그렇게 ~하지 마…193
Don't hesitate to~　주저하지 말고 ~하세요…279

E

Even if~　~하더라도, ~일지라도…236
even though~　비록 ~하지만…273

F

Feel free to~　마음대로 ~하세요…31, 237
feel like~　~ 같이 되다, ~ 같은 느낌이 들다…30

G

get out of hand~　걷잡을 수 없게 되다…33
get the feel of~　감각을 익히다, …에 익숙해지다…31

get to know ~을 알게 되다…50
get to~ 도착하다…32
get used to~ ~에 익숙해지다…103
give ~a chance …에게 기회를 주다…37
give to ~ ~에게 주다…36
give way to~ ~에 굽히다…37
go a long way ~ 쓸모가 있다, 오래가다…39
go into ~ ~에 들어가다…38

H

have got to~ ~을 해야 한다…33
have nothing to do with~ ~와 아무 관련이 없다…43, 281
have to ~을 해야 한다…43
Have you ever been to~? ~에 가본 적이 있나요?…166
Have you tried~? ~을 하려고 해봤니?…167
have+목적어(명사) ~을 가지고 있다…42
help+사람+to부정사 ~을 돕다…44
help+사람+with+명사 ~을 도와주다…45
How about~ing? ~하는 건 어때요?…122
How are you going to~? 어떻게 하실겁니까?…153
How come~? 어째서~한 거야?…129
How long does it take ~? ~하는데 얼마나 걸리나요?…143
How long have you ~? ~한지 얼마나 됐어요?…142
How long will you~? 얼마나 오래 ~할 건가요?…143
How many~? 몇이나 됩니까?…140
How much do you~? 얼마나 됩니까?…141
How much~? 얼마입니까?…141
How would like to~? ~을 어떻게 해 드릴까요?…111

I

I apologize for~　~에 대해 사과 드립니다…203
I appreciate~　감사합니다…179
I can~　나는 ~을 할 수 있어요…174
I can stand~　~을 참을 수가 없어요…242
I can't argue against that~　이의없다…243
I can't believe ~　~하다니 믿을 수가 없어요…285
I can't decide what to ~　~할 지 결정할 수 없다…293
I can't wait to~　~하고 싶어 못견디겠어요…175
I don't care ~　~에는 신경을 안 써요…209
I don't care if~　~이든 아니든 상관없다…238
I don't interested in~　~에 관심이 없어요…209
I don't know about~　~에 대해 모릅니다…210
I don't know if ~　~인지 아닌지 모르겠어요…211
I don't think ~　~라고 생각하지 않는다…196
I feel like ~ing　나는 ~하고 싶은 마음이다…185
I feel sorry about~　~대해서는 유감입니다…205
I guess (that)~　아마 ~할 것 같아요…244
I had no choice but~　~할 수 밖에 없었어요…221
I have a feeling that~　~할 것 같은 느낌이 든다…199
I have something to~　~할 것이 있습니다…173
I have + 명사/대명사　나는 ~을 가지고 있어요…172
I have no idea~　~에 대해 모릅니다…211
I have no~　나는 ~이 없습니다…173
I hope to~　나는 ~을 희망한다…184
I know better than to~　~할 정도로 어리석진 않다…247
I need you to~　당신이 ~을 해 주었으면 합니다…262
I tried to ~　~하려고 했어요…220
I used to~　~을 하곤 했어요…222
I like the way ~　나는 ~가 마음에 든다…191
I never wanted to~　~을 하는 것은 정말 싫었어…291
I prefer ~　~을 더 선호하다…146

I should have~	난~했어야 했어	263
I told you to ~	내가 ~하라고 했잖아요	193
I warned~	내가 ~라고 경고했어	192
I wish to~	~을 하고 싶어요	185
I wonder if ~	~인지 궁금해요	216
I wonder why ~	왜 ~인지 궁금해요	217
If I were~, would you~	내가 ~라면, ~할텐데	227
if you ask me	내 생각으로는, 내 견해로는	19
If you don't mind ~	괜찮으시다면 ~입니다	227
If you don't mind,~	찮으시다면, ~입니다	159
If you were in my shoes~	네가 내입장이라면	282
If you need~	~이 필요하다면	240
in need of	~을 필요로 하다	69
In order to~	~을 하기 위하여	280
Instead of~	~대신에	246
Is it all right to ~?	~해도 괜찮을까요?	131
Is it possible to~?	~하는 게 가능할까요?	228
Is it true (that)~?	~이 사실입니까?	155
Is there any chance~?	~할 가능성이 있어요?	229
It depends on~	그것은 ~에 달려 있습니다	266
It sounds like~	~인 것 같아요	198
It looks like	그것은 ~처럼 보여요	215
I'd like~	~하고 싶어요	57
I'd prefer ~	~하는것이 더 좋다	249
I'll check if~	~인지 알아볼게요	250
I'll take care of~	~은 내가 처리할게요	251
I'm afraid ~	죄송하지만, 유감스럽지만	252
I'm curious about~	~이 궁금해요	217
I'm get used to~	~에 익숙해지다	223
I'm glad ~	~을 해서 기뻐요	186
I'm going to ~	나는 ~을 할 거예요	152

I'm good at~?　~을 잘한다, ~에 능숙하다…253
I'm having some trouble~　~에 문제가 있다…254
I'm here to~　~하러 왔습니다…255
I'm interested in~　~에 관심이 있어요…256
I'm in the mood for~　나는 ~을 하고 싶은 기분이야…290
I'm into ~　나는 ~에 빠져 있어요…191
I'm looking forward to ~ing　~하길 기대합니다…257
I'm planning to~　~할 계획입니다…258
I'm so happy (that) ~　나는 정말 행복해요…187
I'm supposed to~　내가 ~하기로 되어 있습니다…265
I'm sorry for~　~에 대해 미안하다…202
I'm sorry if I ~　제가 만약 ~했다면 미안해요…203
I'm supposed to~　~해야 할 것 같아요…199
I'm trying to~　~하려고 애쓰는 중입니다…260
I'm used to~　~에 익숙합니다…223
I'm willing to~　기꺼이 ~할 것입니다…272
It's a shame to~　~하다니 아깝군요…205
It's nice to ~.　~해서 기쁘다…189
It's time to ~.　~할 시간이다, ~할 때이다.…291
It's too bad that~.　~하다니 유감입니다…206
It's unlikely~.　~할 가능성은 희박하다…199
I've never p.p ~.　나는 ~을 한 적이 없어요…169

K

keep+명사(형용사)　~하게 유지하게 하다?…50
keep+~ing　~을 계속하다…51
keep up with　뒤떨어지지 않다, 지지 않다…51
know how to　~에 능숙하다…55

L

Let me~　~을 해 줄게요…56

let's ~   ~을 하자…57, 125
let go~   해방하다, 놓아주다…57
look at+명사~   ~을 보다, 바라보다…62
look after   ~에 주의하다, ~을 돌보다…63
look forward to   ~을 기대하다, 기다리다…63

M

make a suggestion   ~을 제안하다…64
make do with   견디다, 변통해 나가다…65
make it   제시간에 도착하다…65
make use of~   ~을 사용하다…105
May I ~?   제가 ~해도 될까요?…132
May I suggest~?   제가 제안을 해도 될까요?…127
meet with   ~을 만나다…68
meet up   (약속을 하여) ~와 만나다…69
meet halfway   절충하다, 타협하다…69

N

need to   ~이 필요하다…70
need for   ~에 필요하다…71

O

open up   (문 등이) 열리다…73
open minded   편견없는, 허심탄회한…75

P

play at~   ~을 하며 놀다, ~을 장난삼아 하다…74
play a part in~   역할을 하다…75
play with~   ~을 가지고 놀다…75
Please allow me to~   ~하게 해 주세요…283
Please don't forget to~   제발 ~을 잊지 마세요…278
put on   입다, (신발을) 신다…79

put off~   제거하다, (옷 등을) 벗다…78
put up with   ~을 참다, 견디다…79

R

run away~   ~에서 달아나다, 도주하다…80
run into~   우연히 만나다, ~에 뛰어들다…81
run out of~   ~을 다 써버리다, (물건이) 바닥나다…81

S

say when~   ~하고 싶을 때 말을 해라…85
see off ~   배웅하다…87
see to it that ~   반드시 ~하도록 하다…87
seem like ~   ~인 것 같아요…215
should have+p.p.   ~을 했어야 하는 데…274
Should I bring ~ ?   제가 ~을 가져갈까요?…292
sit at   ~에 앉다…91
sit down   앉다, 자리잡다…90
sound like~   ~인 것 같다…93
sound out ~   생각을 타진하다, 의중을 떠보다…93
sound+형용사구   ~이 들리다…92

T

take away   없애 주다, 가지고 가다…96
take care of   ~을 돌보다, 소중히 하다…97
take place   (사건 등이) 일어나다…97
Thank you for~   ~에 감사합니다…178
Thank you, but~   감사합니다만 ~입니다…179
That's because ~   그것은 ~때문입니다…286
That's what~   그게 바로 ~입니다…264
The thing is~   말하자면 ~이라는 겁니다…267
There is no doubt~   ~을 의심하지 않는다…197

There is no excuse for~　~대해 변명의 여지가 없어요…221
There seems to be~　~이 있는 것 같아요…268
think nothing of~　~을 아무렇지도 않게 생각하다…99
think+that~　(~라고) 생각하다, 여기다…98
to begin with~　처음에는, 우선, 먼저…25
to say that~　~이라는 점을 생각한다면…84

U

used to~　~을 하곤 했다…102

W

wait for~　~을 기다리다…104
wait on~　시중을 들다…105
wait up~　자지 않고 (사람을) 기다리다…105
We'd better~?　~하는 게 좋겠어요?…123
What about (~lng)?　~하는 건 어때요?…123
What are you going to~?　무엇을 할 거예요?…112
what becomes of~　~은 어떻게 되었습니까?…21
What brings you~?　~하게 된 이유가 뭐죠?…248
What can I ~?　내가 무엇을 ~할 수 있나요?…131
What do you say to~　~하시지 않겠습니까?…85
What do you think about~?　~에 대해 어떻게 생각해요…148
What do you think of~?　~을 어떻게 생각해요?…149
What if~?　만일 ~하면 어떻게 될까?…226
What is ~like?　~은 어때요?…113
What kind of ~?　어떤 종류의 ~을 해?…113
What makes you~?　무엇이 그렇게 하나요?…245
What should I do ~ ?　~하면 어떻게 하지요?…277
What would like to~?　무엇으로 ~하시겠어요?…110
When are you ~ing?　언제 ~할 거예요?…118
When are you going to~?　언제 하실겁니까?…153

When do you want to~?　언제 ~을 하고 싶으세요?…119
When was the last time~?　~을 마지막으로 한게 언제죠?…119
When would like to~?　언제 ~하고 싶으세요?…111
Where can I~?　어디에서~을 할 수 있나요?…116
Where do you ~?　어디에서~을 하죠?…117
Where is the nearest~?　가장 가까운 ~가 어디죠?…117
Which ~ should I~ ?　어떤 ~을 ~해야 할까요?…288
Which do you like ~?　어느 것을 좋아합니까?…190
Which one do you ~?　어떤 것을 ~할래요?…147
Who is going to~?　누가 할 거야?…160
Who is your ~?　네 ~가 누구야?…161
Who wants~?　~을 원하는 사람은?…161
Why are you ~ing?　왜 ~을 하고 있어요?…129
Why did you~?　왜 ~을 했어요?…128
Why don't you~?　~하는 게 어때요?…124
Would you rather A or B?　A 하실래요 B 하실래요?…147
Would it be possible to~?　~하는 게 가능할까요?…229
Would you care for~?　~을 드릴까요?…135
Would you like~?　~을 드릴까요?…134
Would you like+to부정사　~하시겠어요?…57
Would you please~?　~좀 해주실래요?…137

Y

You deserve to ~　당신은 ~할 만합니다…284
You have to~　너는 ~을 해야 해…180
You must~　너는 ~을 해야 해…181
You seem to ~　너 ~한 것 같아…214
You'd better~　~을 하도록 해…270
You're welcome to~　~을 해도 좋다…271
You've got to~　너는 ~을 해야 합니다…181

패턴영어 회화   값 9,000원

1판2쇄 2018년 3월 25일 인쇄
1판2쇄 2018년 3월 30일 발행

편 집 자/ 서림편집부

발 행 처/ 서림문화사
발 행 자/ 신 종 호
주   소/ 경기도 파주시 광탄면 장지산로
           278번길 68
홈페이지/ http://www.kung-fu.co.kr
전   화/ (02)763-1445, 742-7070
팩시밀리/ (02)745-4802

등   록/ 제 406-30000002510019750000017호(1975.12.1)
특허청 상호등록/ 022307호

ⓒ2011.Seolim Publishing Co., Printed in Korea
ISBN 978-89-7186-667-2 13740
ISBN 978-89-7186-006-9(세트)